LE CHEVALIER D'ÉON,

COMÉDIE EN TROIS ACTES MÊLÉE DE CHANT,

PAR MM. BAYARD ET DUMANOIR.

REPRÉSENTÉE POUR LA PREMIÈRE FOIS, SUR LE THÉATRE DES VARIÉTÉS,
LE 25 JANVIER 1837.

PARIS,

NOBIS, ÉDITEUR, RUE DU CAIRE, N° 5.

1837.

*Personnages.**Acteurs.*

PREMIER ACTE.

LE CHEVALIER D'ÉON.	M. BRESSAN.
LE BARON DE SOTTERNICH.	M. CAZOT.
LA BARONNE.	Mlle JOLIVET.
EUDOXIE DE WARDEN.	Mlle POUGAUD.
LAVERGNE domestique de confiance du chevalier d'Éon.	M. LAMARRE.
DOMESTIQUES DU BARON.	

La scène se passe en Prusse, chez le baron de Sotternich.

DEUXIÈME ACTE.

ÉLISABETH, impératrice de Russie.	Mlle JENNY-VERTPRÉ.
LE COMTE DE VURZOF, chambellan.	M. PROSPER.
OLGA, fille d'honneur.	Mlle GEORGINA.
LE CHEVALIER D'ÉON.	M. BRESSAN.
LE BARON DE SOTTERNICH.	M. CAZOT.
EUDOXIE DE WARDEN.	Mlle POUGAUD.
LAVERGNE.	M. LAMARRE.

La scène se passe à Saint-Pétersbourg, au palais de l'Ermitage.

TROISIÈME ACTE.

LE CHEVALIER D'ÉON.	M. BRESSAN.
EUDOXIE DE WARDEN.	Mlle POUGAUD.
LE BARON DE SOTTERNICH.	M. CAZOT.
LAVERGNE.	M. LAMARRE.
SIR HERVEY.	M. DUSSERT.
BETZY.	Mlle JENNY-VERTPRÉ.

La scène se passe à Londres, dans un hôtel garni.

AVIS.

Les deux rôles de l'IMPÉRATRICE et de BETZY, joués à Paris par madame Jenny-Vertpré, doivent être remplis par deux actrices d'emplois différents : la JEUNE-PREMIÈRE-DUGAZON et la SOUBRETTE.

Imp. J.-R. MEVREL, pass. du Caire, 54.

LE CHEVALIER D'ÉON,

COMÉDIE MÊLÉE DE CHANT, EN TROIS ACTES.

ACTE I.

Un salon. Entrée au fond ; porte à droite, conduisant chez la baronne ; porte à gauche, conduisant à l'appartement du chevalier. Une table garnie.

SCÈNE I.

LAVERGNE, LE BARONNE, assise près de la table.

LAVERGNE.

Madame la baronne n'a plus rien à me demander?..

(Il fait un mouvement pour sortir.)

LA BARONNE.

Si fait... Votre maître ne vous attend pas?

LAVERGNE.

Non, madame la baronne, il écrit ; Il a des dépêches à expédier... et ce n'est pas de mon ressort.

LA BARONNE.

Alors, vous pouvez rester et me répondre... C'est une vie si gaie, si folle que celle de France!.. la cour de Versailles est si fertile en plaisirs, en aventures, en intrigues, que je ne me lasserais pas d'en parler...c'est ma seule distraction, au fond de ce vieux château, d'où je ne m'échappe de loin à loin, que pour aller m'ennuyer à la cour de Berlin.

AIR de Voltaire chez Ninon.

Mais je n'ai jamais éprouvé
Que du chagrin dans ce voyage,

LAVERGNE, à part

Excepté lorsqu'elle a trouvé,
Le chevalier sur son passage.

LA BARONNE.

En ces lieux, je n'ai, par malheur,
Que des jours tristes, monotones...
C'est à mourir!..

LAVERGNE, à part.

Mais, par bonheur,
Le ciel protége les baronnes.

LA BARONNE.

Mais puisque vous savez tout ce qui se passait aux fêtes de Trianon...

LAVERGNE.

Oh! pour l'avoir entendu dire à mes maîtres... à monsieur le chevalier, par exemple.

LA BARONNE.

Bien, bien... Quelle est donc cette aventure que vous avez racontée hier à l'une de mes femmes, Poleska, qui en riait encore une heure après en m'habillant?..

LAVERGNE.

Une aventure?..

LA BARONNE.

Arrivée à Louis XV, peu de jours avant votre départ de Paris...

LAVERGNE.

Je ne me rappelle pas, madame la baronne.

LA BARONNE.

Si fait... cette jeune beauté qu'il aperçut dans un bal...

LAVERGNE, à part.

Aie!.. quelle indiscrétion!

LA BARONNE.

Eh bien!.. vous y êtes, n'est-ce pas?

LAVERGNE.

Ah! oui, madame, je crois me souvenir...

LA BARONNE.

Contez-moi donc cela.

LAVERGNE.

C'est que c'est assez difficile... cependant, pour obéir à madame la baronne... (A part.) Je ne nommerai pas le héros de l'aventure.

LA BARONNE.

J'écoute... Le roi fut donc frappé de ces charmes inconnus?..

LAVERGNE.

Aussitôt, le valet de chambre de sa majesté, Lebel, un garçon très estimable...

LA BARONNE.

Ah! tant mieux... Après?

LAVERGNE.

Lebel fit donc en sorte que cette jeune beauté, favorite en perspective, s'égarât dans les appartemens, et rencontrât...

LA BARONNE.

Le roi?..

LAVERGNE.

Non pas... Mme de Pompadour, qui savait tout.

LA BARONNE, gaiment.

En vérité?.. voici qui devient piquant... ensuite?..

LA BARONNE.

Elle voulut se fâcher d'abord... mais comme cette belle demoiselle était un jeune seigneur déguisé...

LA BARONNE.

Ah!

LAVERGNE.

Continûrai-je, madame la baronne?

LA BARONNE.

Non, non, c'est inutile. Et l'auteur de cette mystification, vous l'a-t-on nommé?

LAVERGNE.

Celui qui... non, madame la baronne, non.

LA BARONNE.

Et votre maître le connaît-il?

LAVERGNE.

Mon maître?.. je ne sais pas... je ne...

LA BARONNE.

Eh! mais, quel embarras!.. qu'avez-vous donc?

LAVERGNE.

Rien, rien... peut-être monsieur le chevalier trouvera-t-il que j'ai été bien indiscret... de conter à madame la baronne...

LA BARONNE.

Pourquoi donc?.. j'en veux rire avec lui, et je vais... (On entend le roulement d'une voiture.) Qu'est-ce?..

LAVERGNE.

Une voiture, qui entre dans la cour du château.

LA BARONNE.

Voyez qui ce peut être... (Lavergne sort.) Je ne veux recevoir personne... le baron n'y est pas, heureusement... car c'est bien l'homme le plus ennuyeux, malgré son air de finesse, qui ne cache souvent que... de la sottise... et puis jaloux! jaloux!.. (Riant.) Il aurait beau jeu en ce moment...

LAVERGNE, accourant.)

Madame!.. madame!.. cette voiture de voyage... cette livrée... c'est...

LA BARONNE.

Ah! mon Dieu! qui donc?..

LAVERGNE.

Votre mari.

LA BARONNE.

Mon mari!..

LAVERGNE.

Monsieur le baron de Sotternich!

LA BARONNE.

Ah! je suis perdue!..   (Elle tombe dans un fauteuil.)

LAVERGNE.

Madame la baronne!.. Elle s'évanouit!.. ah! cette sonnette...

LA BARONNE.

Non, non... laissez-moi... c'est inutile...(A part.) Mon mari, que je croyais
encore à la cour de Mecklembourg!..

LAVERGNE.

Eh! vite! il n'y a pas un instant à perdre.   (Il sort rapidement à gauche.)

LA BARONNE, à part

Que dire?.. s'il sait tout!.. (L'apercevant.) Ah!

SCÈNE II.

LE BARON, LA BARONNE.

LE BARON, entrant vivement et s'arrêtant au fond.

Seule! elle est seule!..

LA BARONNE, à part.

Ah! je n'ose le regarder...

LE BARON, descendant la scène et à part.

Je suis en nage. (Haut.) Vous ici, madame!

LA BARONNE, jouant la surprise.

Ah! vous ici, monsieur?

LE BARON.

Je ne m'attendais pas à vous trouver au château, je l'avoue.

LA BARONNE.

Je ne vous cache pas que ma surprise est au moins égale à la vôtre.

LE BARON.

De la surprise?

LA BARONNE.

Vous avez donc quitté la cour de Mecklembourg?

LE BARON.

Vous le voyez bien, madame... il paraît que vous avez quitté la cour de
Berlin.

LA BARONNE.

Vous le voyez bien, monsieur.

LE BARON.

Je le vois parfaitement... j'ai vu autre chose encore, en arrivant.

LA BARONNE.

Quoi donc, s'il vous plaît?

LE BARON.

D'abord... votre trouble... votre émotion...

LA BARONNE.

Mon émotion... s'explique suffisamment, je pense... on se croit seule...
et puis... tout à coup... un mari qui tombe du ciel...

LE BARON.

Oui, ça gêne... il vaudrait mieux se faire annoncer... Mais il me semble,
ma chère amie, que je ne puis arriver plus à propos, pour vous aider à
faire les honneurs de mon château de Sotternich.

LA BARONNE.

A qui donc, monsieur?

LE BARON.

Eh! mais... à votre hôte, à votre compagnon de voyage.

LA BARONNE.

Je ne sais... je ne comprends pas... (A part.) Il sait tout!

LE BARON.

Vous ne comprenez pas?.. il n'y a donc personne ici?

LA BARONNE.

Qui peut dire cela... puisque me voici?

LE BARON.

A la bonne heure... mais vous auriez dû, par mesure de précaution, faire
cacher le carrosse de monsieur l'envoyé de France...

LA BARONNE, à part.

Ciel!

LE BARON, continuant.

Mettre sous clé les gens de monsieur l'envoyé de France.

LA BARONNE, à part.

Je me meurs!..

LE BARON, à part.

J'étouffe! (Haut.) Et peut-être, alors, ne saurais-je pas que madame la baronne de Sotternich, ma moitié, celle que j'admets à l'honneur de ma couche, est arrivée hier au soir de Berlin, dans ce carrosse indiscret, où sans doute elle n'était pas seule.

LA BARONNE.

Permettez...

LE BARON.

AIR : De sommeiller encor ma chère.

Quel est cet envoyé de France?
Quel est son but? quelle est sa mission?
S'agirait-il d'un traité d'alliance,
Ou de quelque transaction?..
Dites-moi donc, en confidence,
Quels ordres lui donna son roi?..
Car je ne crois pas que la France,
Le paie exprès pour ce qu'il fait chez moi.

LA BARONNE.

Baron de Sotternich!

LE BARON.

Parlez, j'écoute.

LA BARONNE, à part.

Que dire?.. s'il pouvait partir pendant ce temps-là!

LE BARON.

Et d'abord, est-il vieux?.. hein?..rien?..il est jeune...Est-il laid?.. même réponse... il est charmant... C'est étonnant comme les femmes en disent long, sans prononcer un mot.

LA BARONNE, très troublée.

Monsieur, ce ton de raillerie... en vérité... c'est une offense... je suis ou-tragée...

LE BARON.

Vous, madame! c'est très joli!.. et moi donc, qu'est-ce que je suis?

LA BARONNE.

C'en est trop! je dois sortir... je sors.

LE BARON.

Non, madame, vous resterez pour m'apprendre...

LA BARONNE.

Rien, monsieur.

LE BARON, avec force.

Je le veux!

LA BARONNE, effrayée à la vue de Lavergne.

Ciel!

SCÈNE III.

LES MÊMES, LAVERGNE, ensuite LE CHEVALIER D'ÉON, en femme.

LAVERGNE, annonçant, à gauche.

Madame l'envoyée de France!

LE BARON, à part.

Madame!

LA BARONNE, idem.

Madame!

LE CHEVALIER, entrant vivement.

Ah! ma chère baronne, je viens vous annoncer... (Apercevant le baron.) Ah! monsieur... (D'une voix timide.) Je n'avais pas l'honneur d'apercevoir...
(Il fait la révérence.)

LE BARON, déconcerté.

Ma... ma... dame!

LA BARONNE, à part, regardant le chevalier.

Je comprends... la rivale de Mme de Pompadour!

ENSEMBLE.

AIR : Fragment de Gustave.

<table>
<tr><td>

LE CHEVALIER.

Allons ! de l'assurance,
Bonne espérance !
Et, comme en France,
Tout ira bien.
Grace à mon stratagême,
A l'instant même,
Celle que j'aime
Ne craint plus rien.

</td><td>

LA BARONNE.

Allons ! de l'assurance,
Bonne espérance !
Ici, je pense,
Tout ira bien.
Grace à son stratagême,
Bonheur extrême !
Mon mari même
Ne dit plus rien.

</td></tr>
<tr><td>

LE BARON.

Je perds toute assurance,
Et je balance...
Mais, par prudence,
Ne disons rien.
Dans ce péril extrême,
Je craindrais même
Un stratagême ;
Observons bien.

</td><td>

LA VERGNE.

Allons de l'assurance !
Bonne espérance !
Et comme en France,
Tout ira bien.
Grace à son stratagême,
A l'instant même,
Celle qu'il aime
Ne craint plus rien.   (Il sort.)

</td></tr>
</table>

LE CHEVALIER.

Eh ! mais, je ne me trompe pas... cet air distingué... et puis, j'ai déjà cru voir... c'est monsieur le baron de Sotternich !

LE BARON.

Comment?.. permettez, je ne crois pas avoir vu madame...

LE CHEVALIER.

Non, mais j'ai eu l'honneur de voir monsieur...

LA BARONNE.

Plait-il?

LE CHEVALIER.

Oh ! ma chère baronne, ne craignez rien ; monsieur ne m'a pas remarquée...Mais pardon, je venais vous remercier de l'hospitalité que j'ai reçue dans votre château, et qui m'a épargné une nuit sur la grande route, ou une nuit d'auberge... ah ! fi donc !.. la grande route, les auberges ! c'est effrayant pour nous autres femmes... n'est-ce pas, monsieur ?

LE BARON.

Assurément... en effet... (A part.) Une superbe femme !

LA BARONNE.

Je suis enchantée, madame, d'avoir pu... certainement... je suis trop heureuse...

LE BARON.

Mon Dieu ! quelle émotion !..

LA BARONNE.

Moi ?.. pas du tout !.. (A part.) J'ai peine à me remettre.

LE CHEVALIER.

Ah ! cette chère baronne...est-ce que vous vous trouvez mal ?.. permettez, mon flacon...

LA BARONNE.

Merci...un peu de trouble, en effet... monsieur le baron m'a dit en arrivant des choses si singulières...

LE CHEVALIER.

Comment ! baron !.. dès votre arrivée !.. ah ! ah ! c'est bien Prussien, cela !.. pardon de l'expression.

LE BARON.

Oh ! rien... c'est qu'en arrivant, j'ai trouvé la baronne tellement émue... Et pourquoi donc me faire un mystère de cette hospitalité que vous aviez donnée à madame, quand j'aurais été trop heureux de la lui offrir moi-même ?..

LE CHEVALIER, faisant la révérence.

Ah ! monsieur !..

LE BARON.

Oui, trop heureux !..

LA BARONNE.

Eh quoi !.. vous ne comprenez pas la raison ?..

LE BARON.

Pas le moins du monde.

LE CHEVALIER

C'est bien simple pourtant. (A part.) Le diable m'emporte si je la comprends!

LA BARONNE.

Madame la chevalière d'Eon n'est-elle pas chargée d'une mission près de l'impératrice Elisabeth?

LE BARON.

Hein?.. madame la chevalière d'Eon?.. ah! c'est madame...

LE CHEVALIER.

Moi-même... en personne,

LE BARON, à part.

C'est bon à savoir. (A la baronne.) Continuez donc, baronne...

(Il examine le chevalier, d'un air de doute.)

LA BARONNE.

Eh bien! le roi de Prusse doit redouter l'alliance que madame la chevalière va solliciter, et l'on pourrait craindre que son passage secret dans ce pays, le mystère dont elle s'entoure dans votre château, ne vous compromissent vous-même à la cour de Berlin.

LE CHEVALIER, à part.

Comme il m'examine!.. il me fait peur.

LE BARON.

Et c'est ce qui vous a troublée, émue?..

LE CHEVALIER,

Pauvre petite baronne! combien je lui sais gré...

(Il va pour lui serrer la main.)

LE BARON, l'arrêtant, et passant entr'eux.

Permettez... Cette crainte est assez chimérique : car enfin, une femme chargée d'une mission pareille... comment le supposer?.. moi-même, j'ai peine à le comprendre, et je crains plutôt...

LA BARONNE, à part.

Ah! mon Dieu!

LE CHEVALIER, vivement.

Comment! baron, vous ne comprenez pas?.. ah! cela fait tort à votre sagacité ordinaire... et extraordinaire...A un empereur, à un roi, on envoie un ambassadeur, c'est l'usage... il s'agit d'intérêts à débattre, de traités à conclure, et d'homme à homme la lutte est égale... Mais quand c'est une femme qui règne, la malice, la ruse, la finesse viennent s'asseoir avec elle sur le trône... il y a alors dans la négociation mille petits détours qu'une femme seule peut connaître, mille piéges, qu'elle seule peut éviter... Un pauvre ambassadeur se laisse séduire par les beaux yeux de la souveraine : ces hommes ont le cœur si... niais!.. ah! pardon de l'expression!.. Un cœur de femme, au contraire, n'a rien à perdre, rien à gagner... Et voilà pourquoi, à une impératrice, la cour de France envoie une ambassadrice.

LA BARONNE, à part.

Oh! très bien!

LE BARON.

C'est fort ingénieux... il y a certainement de la Pompadour là-dedans.

LE CHEVALIER.

Un peu.

LE BARON.

Et le nom de la chevalière d'Eon me rappelle qu'on parlait de cette mission à la cour de Mecklembourg.

LE CHEVALIER, à part.

Ciel!

LA BARONNE, idem.

Que dit-il?

LE BARON, à part.

Ah! ils ne sourient plus!

LE CHEVALIER.

On en parlait donc à la cour de Mecklembourg?

LE BARON.

Beaucoup... et l'on s'y disait que le succès serait plus certain... auprès d'Elisabeth de Russie... si ce fourreau de satin, ce paniers, ces rubans... cachaient un beau jeune homme.

LE CHEVALIER.

Ah! l'on disait cela?

LA BARONNE, à part.

Je ne me soutiens plus.

LE BARON.

Et franchement, on croyait que le beau jeune homme y était.

LE CHEVALIER.

Ah !..

LE BARON.

Ce qui était au moins impertinent pour la jeune princesse qui vous avait prise en grande amitié... elle n'était heureuse que lorsque vous étiez là, près d'elle... et depuis votre départ, cette pauvre petite princesse est restée triste, rêveuse.

LA BARONNE, à part, avec dépit.

Il se pourrait!

LE CHEVALIER, à part.

Elle m'aimait tant!..(Haut.) Une princesse ne peut-elle avoir une amie?..

LE BARON.

Si fait... et même un ami... car un jour, la dame d'honneur, trouva dans son appartement...

LA BARONNE.

Quoi donc ?..

LE CHEVALIER.

Un ruban, une fleur ?

LE BARON.

Un nœud d'épée.

LE CHEVALIER, s'efforçant de rire.

Bah ! vraiment?.. ah ! ah! ah ! ah !

LE BARON.

AIR : Voulant par ses œuvres complètes.

Un nœud d'épée, eh! oui, madame...
On disait, chez les courtisans,
Que vous aviez, pour une femme,
De singuliers ajustemens.
La princesse avait bien des charmes...
De vous, s'il est à mon avis,
Quelque chose qu'elle ait appris,
Ce n'est pas à faire des armes.

LE CHEVALIER.

Plait-il ?

LE BARON.

Qu'en dites-vous, baronne ?

LA BARONNE.

Je dis, monsieur le baron, que si c'est là une plaisanterie, elle est insultante pour moi, et je n'en veux pas entendre davantage... (A part.) Sortons, car, ma colère me trahirait...   (Elle sort.)

SCÈNE IV.

LE CHEVALIER , LE BARON.

LE BARON , la suivant.

Eh bien !.. madame?.. madame ?..

LE CHEVALIER , à part.

De la jalousie !..

LE BARON , revenant vivement.

Quant à vous...

LE CHEVALIER, l'interrompant.

Quant à vous, baron , vous êtes un imprudent, un indiscret.

LE BARON.

Plait-il ?

LE CHEVALIER.

Trahir ainsi les secrets d'une femme.. d'une princesse !..

LE BARON.

Vous avouez donc ?..

LE CHEVALIER.

Le moyen de vous cacher qu'un jeune homme de la cour de son père
la poursuivait d'un amour dédaigné, et que sans moi elle était perdue?

LE BARON.

Sans vous !..

LE CHEVALIER.

Silence ! silence, sur votre tête !..

LE BARON.

Comment ! sur ma tête ?..

LE CHEVALIER.

Heureusement, le trouble de votre femme l'a empêchée de s'apercevoir...

LE BARON.

Ah ! oui, son trouble...

LE CHEVALIER, jouant avec son éventail.

C'est un enfantillage... une puérilité...

LE BARON.

Permettez... je pourrais exiger...

LE CHEVALIER.

Allons donc !.. il faut passer quelque chose à une femme qui vous aime...
car, elle vous aime et cela se conçoit.

LE BARON, éclatant.

Eh !.. mad... mons... Morbleu !

LE CHEVALIER.

Mais elle est si tendre, si jalouse !..

LE BARON.

Jalouse ?.. la baronne ?..

LE CHEVALIER.

Franchement, elle n'a pas tout-à-fait tort... vous êtes si aimable... si
galant !..

LE BARON, souriant avec fatuité.

Ah ! ah ! ah ! vous êtes trop bonne... il est vrai que... (à part.) Ah ! ça,
mais je n'y suis plus, moi !

LE CHEVALIER.

Ajoutez à cela que, depuis mon arrivée ici, j'ai été un peu indiscrète...
toutes les femmes le sont... et je lui parlais de vous avec un air d'intérêt,
qui peut bien lui donner quelqu'ombrage.

LE BARON.

Un air d'intérêt ?.. vous avec daigné... (à part.) Mais c'est donc une
femme...

LE CHEVALIER.

Oh ! un intérêt bien naturel... on m'a tant parlé de vous à la cour de
Mecklembourg !.. et cette rencontre sur la route, dans cette auberge...
vous savez, cette auberge où vous étiez arrêté...

LE BARON.

Cette auberge ?.. ah ! oui, AUX ARMES DE PRUSSE.

LE CHEVALIER vivement.

C'est cela même... vous couchiez dans une chambre...

LE BARON.

Bleue...

LE CHEVALIER vivement.

Oui, oui, bleue... (Minaudant.) Nous n'étions séparés que par une cloison...
ah ! j'ai bien mal dormi cette nuit-là.

LE BARON.

Il se pourrait !.. (à part.) Allons, c'est une femme.

LE CHEVALIER.

J'ai tout raconté étourdiment à votre chère petite femme... et de là...

LE BARON.

Oh ! pardon, madame, pardon !.. je suis honteux, confus, désespéré...
battez-moi, brisez-moi votre éventail sur la figure... je le mérite... j'ai pu
croire !.. je suis un impertinent...

LE CHEVALIER, se récriant.

Ah !...

LE BARON.

Un imbécile...

LE CHEVALIER , de même.

Ah ! ah...

LE BARON.

J'ai pu croire que ces yeux, cette bouche, cette taille, appartenaient à la moitié du genre humain... dont je fais partie!

LE CHEVALIER.

Ah! ciel!.. ah! Dieu !.. un homme , moi !.. ah ! quelle horreur !

LE BARON.

Ecoutez donc , ce trouble de la baronne... ces contes que l'on m'avait faits...

LE CHEVALIER.

Et maintenant , croyez-vous que je vous trompe ?

LE BARON , souriant.

Eh ! eh ! eh !

LE CHEVALIER.

Comment !..

LE BARON.

Eh bien! non... eh bien ! non... je ne le crois pas, mais je le dirai toujours.

LE CHEVALIER.

Et pourquoi ?

LE BARON.

Pour vous fâcher , pour vous mettre en colère... parce qu'alors il irait de votre honneur de me prouver que je me trompe.

LE CHEVALIER.

Monsieur !.. (A part.) Allons, comme en France, lorsqu'il fallait prouver tout le contraire. (Le baron se rapproche. — Le chevalier reprend son sérieux.) Ah ! fi donc !.. je serais descendue dans ce château, pour trahir une femme... une amie... et l'hospitalité !...

LE BARON.

Ecoutez-moi..

LE CHEVALIER.

Je ne vous ai que trop écouté... Je le sens à mon émotion.

LE BARON.

Qu'entends-je !..

LE CHEVALIER.

Et je vais donner des ordres pour mon départ.

ENSEMBLE.

AIR : Walse de Beauplan. (NON , JE NE VALSE PAS.)

LE BARON.	LE CHEVALIER.
Ah! ne me fuyez pas ;	Non, ne me suivez pas ;
Plus sensible et moins fière ,	Redoutez la colère
Ecoutez ma prière ;	D'une épouse sévère
Je m'attache à vos pas.	Qui suivrait tous vos pas.
Quoi ! vous éloigner en ce jour!..	Moi, je dois partir en ce jour ,
Rendez-vous à mes vœux, comblez mon espé-	Fuir loin d'elle et de vous, il le faut par
Et que votre présence (rance,	Car hélas ma présence (prudence ;
Charme encore ce séjour.	Troublerait ce séjour.
Ah ! cédez à l'ardeur	Ménagez ma pudeur,
Qui me presse et me trouble ;	Voyez quel est mon trouble !
Ce transport qui redouble	Ma frayeur qui redouble
Fait palpiter mon cœur.	Fait palpiter mon cœur.

LE CHEVALIER.

Pour la Russie et pour la France,
Il faut que je parte à l'instant.

LE BARON.

Formez un traité d'alliance
Avec la Prusse en attendant.

ENSEMBLE.

LE BARON.	LE CHEVALIER.
Ah! ne me fuyez pas , etc.	Non , ne me suivez pas, etc. (Il sort.)

SCÈNE V.

LE, BARON seul.

Décidément c'est une... (se reprenant.) A moins que ce soit un... allons
donc !.. non, non, je ne me trompe pas... je ne peux pas me tromper...
d'ailleurs, j'éprouvais là, auprès d'elle, une palpitation !.. Et pourtant le
trouble de la baronne... dam ! si elle est jalouse, il y a de quoi ? car cette
Française...

AIR : Depuis long-temps j'aimais Adèle.

Quelle taille ! quelle est jolie !
Elle me dévorait des yeux...
Est-ce un homme ?.. ah ! quelle folie !..
Une femme ?.. ça vaudrait mieux.
Ce soir même, il faut que, près d'elle,
Tous mes doutes soient éclaircis...
Si je ne suis plus infidèle,
Je ne sais pas ce que je suis.

SCÈNE VI.

LE BARON , LA BARONNE , ensuite, LAVERGNE.

LA BARONNE, à part.

Ah ! encore lui !

LE BARON, idem.

Ma femme !...

LA BARONNE

Eh bien !.. monsieur le baron, vous oubliez qu'à votre arrivée, vous
avez fait appeler le magistrat..

LE BARON.

Ah ! oui, c'est juste.

LA BARONNE, à part.

Il est calme.

LE BARON.

Pour des ordres à lui donner... une demoiselle Warden allait se marier,
un peu malgré elle, dans le Mecklembourg, quand tout à coup elle a dis-
paru... on craint qu'elle ne se rende en Russie, et j'ai promis de faire en
sorte qu'elle soit arrêtée à son passage en Prusse.

LA BARONNE.

Ah ! c'est pour cela qu'on attend ?

LE BARON.

J'y vais... et sans rancune, baronne...

LAVERGNE, entrant vivement.

Monsieur le chevalier !..

LE BARON.

Hein ?

LAVERGNE, effrayé.

Ah ! pardon... je croyais que madame la chevalière était ici. (La baronne
tout inquiète se jette à la table et écrit, sans être remarquée, tandis que le baron
parle à Lavergne.)

LE BARON.

Tu as dit : le chevalier !

LAVERGNE.

Moi ?.. le chevalier ?.. quel chevalier ?

LE BARON.

Ah ! c'en est trop !.. (à part.) Elle ne partira pas ainsi, non !.. venez-vous
baronne ?   (Il sort par le fond.)

LA BARONNE, vivement à Lavergne.

Lavergne ce billet, à lui seul !..

LE BARON, reparaissant.

Vous ne venez pas?

LA BARONNE.

Si fait... si fait... me voici...   (Elle suit le baron.)

SCÈNE VII.

LAVERGNE, puis **EUDOXIE** en homme.

LAVERGNE.

Ouf!.. en voilà encore une d'échappée!.. ce diable de baron, il me fait une peur!.. il a bien l'air bête, si l'on veut... mais en même temps il a quelque chose de rusé... Qui va là?..

EUDOXIE, d'un air timide.

Pardon... c'est moi... je venais... je voulais parler à Mme la chevalière d'Eon.

LAVERGNE, à part.

Qu'est-ce que c'est que ça? (Haut.) A madame?.. bien fâché, monsieur, mais il n'y a pas moyen.

EUDOXIE.

Je vous en prie.

LAVERGNE.

Mais quand je vous dis... Ah! c'est elle.

EUDOXIE.

Elle? oh! je reste... il faut que je lui parle... il le faut!..

LAVERGNE.

Eh bien! éloignez-vous un moment... dans cette galerie.

EUDOXIE.

Dans cette galerie?.. vous ne m'oublirez pas?

LAVERGNE.

Eh! soyez tranquille...

EUDOXIE.

Vous ne m'oublirez pas?..

LAVERGNE.

Allez donc!.. que diable nous veut-il, celui-là?.. (Eudoxie s'éloigne.)

SCÈNE VIII.

LE CHEVALIER, LAVERGNE.

LE CHEVALIER, paraissant à la porte.

Eh bien! tu es seul?

LAVERGNE.

Chut!.. parlez bas!.. ils sont partis... Tenez, un billet.

LE CHEVALIER.

Donne... D'elle! de la baronne!.. (Lisant rapidement.) «Dans un instant, chez vous; il faut que je vous parle. » (Baisant le billet.) Pauvre petite femme!..

LAVERGNE.

Un rendez-vous!.. Il faut le refuser.

LE CHEVALIER.

Et pourquoi?..

LAVERGNE.

Oh! c'est que voyez-vous, le baron me fait peur... il a une figure!..

LE CHEVALIER, riant.

Eh bien! quoi... une figure à laquelle cela va très bien.

LAVERGNE.

Vous trouvez?.. c'est possible... mais tout à l'heure encore il me faisait trembler. Tenez, monsieur, voilà un costume qui vous portera malheur!

LE CHEVALIER.

Je ne crois pas... Ce costume!.. mais je lui dois tout, depuis ce jour où de joyeux amis, rendus audacieux par l'ivresse d'un souper de carnaval, voulurent mystifier une favorite... Je me croyais perdu, et pas du tout : une ambassade était au bout de l'aventure... Et depuis, que d'appartemens secrets où le loup a pénétré, déguisé en brebis!..que de délicieuses intrigues! Tu ne saurais croire combien il y a sous ce costume, de ruses, de finesses, pour abuser un mari, pour déjouer les complots, pour tromper tout le monde!.. Ce devrait être l'uniforme de la diplomatie. (Riant.) Ah! ah! ah!..

AIR du Postillon de Lonjumeau.

J'en prends la coutume :
J'aimerai toujours,

> Mon léger costume,
> Habit des amours.
>
> A moi, jeune femme !
> Monsieur votre époux,
> Le calme dans l'ame,
> Me laisse avec vous.
> Ma robe chérie,
> Heureux dénoûment !
> Promet une amie
> Et donne un amant.
> Je veux à la ronde,
> Suivant mon destin,
> Tromper tout le monde...
> Je suis femme enfin.
>
> J'en prends la coutume :
> J'aimerai, etc.

LAVERGNE.

Chut !.. il y a là quelqu'un.

LE CHEVALIER.

Qui donc ?..

LAVERGNE.

Un jeune homme, qui demande à vous parler.

LE CHEVALIER.

Un jeune homme !.. cela ne se peut pas.

LAVERGNE.

Il demande Mme la chevalière d'Eon.

LE CHEVALIER.

Au diable !..

LAVERGNE.

Mais c'est qu'il attend.

LE CHEVALIER, avec humeur.

Fais donc entrer !.. quant à toi, ne quitte pas mon appartement, ma chambre, et dès que la baronne s'y sera rendue, accours m'avertir.

(Lavergne s'éloigne.)

LE CHEVALIER, seul.

Un jeune homme... qui veut me parler... dans ce pays où je ne connais personne !.. c'est singulier !

(Il s'assied.)

SCÈNE IX.

LE CHEVALIER, EUDOXIE.

(Lavergne l'introduit et sort à gauche, après avoir déposé deux flambeaux allumés sur la table.)

EUDOXIE, avec timidité.

Pardon, madame... je vous dérange peut-être ?

LE CHEVALIER.

Mais, monsieur... (A part.) C'est un enfant.

EUDOXIE.

Je me présente en tremblant, et j'hésite encore à vous dire... à vous demander...

LE CHEVALIER.

Quoi donc, monsieur ? (A part.) Drôle de petit jeune homme !

EUDOXIE.

Vous allez peut-être me refuser... et cela me ferait tant de peine !..

LE CHEVALIER.

Vous refuser ?.. cela dépend de ce que vous demanderez, monsieur.

EUDOXIE, s'enhardissant.

M'y voici, madame.

LE CHEVALIER, à part.

C'est heureux.

EUDOXIE.

On m'a dit que vous partiez ce soir pour Saint-Pétersbourg.

LE CHEVALIER.

C'est vrai.

EUDOXIE.

Moi aussi, je vais à Saint-Pétersbourg.

LE CHEVALIER, souriant.

Ah! c'est très bien... je n'y vois pas d'obstacle.

EUDOXIE.

Il y en a cependant, madame.

LE CHEVALIER.

Et lesquels?

EUDOXIE.

Il y a loin, bien loin, d'ici à Saint-Pétersbourg, et je suis tout seul pour faire ce grand voyage... (D'un air confus.) Ce qui fait que j'ai peur.

LE CHEVALIER, partant d'un éclat de rire.

Ha! ha! ha! peur?.. vous avez peur?.. Ha! ha! ha! (S'arrêtant.) Pardon, pardon, monsieur... (A part.) Drôle de petit jeune homme!

EUDOXIE.

Et je venais vous prier... de m'accorder...

LE CHEVALIER.

De vous accorder?

EUDOXIE.

Une place dans votre voiture.

LE CHEVALIER, se levant tout à coup.

Comment, monsieur!

EUDOXIE, à part.

Ah! mon Dieu! elle ne veut pas!

LE CHEVALIER.

Une place dans ma voiture! y pensez-vous?.. moi, une femme, voyager avec un jeune homme comme vous!.. juste ciel!.. un tête-à-tête continuel!. qui me répond de vous?.. mais vous avez perdu la raison, vous êtes un insensé, un extravagant.

EUDOXIE, tristement.

Ainsi, madame, vous me refusez?

LE CHEVALIER.

Certainement, monsieur, je vous refuse. (A part.) Drôle de petit jeune homme!

EUDOXIE.

Je m'y attendais... et cependant j'espère encore... oui, madame, si vous daignez m'entendre, entendre ma confidence, j'ai idée que vous ne persévérerez pas dans votre résolution.

LE CHEVALIER.

Votre confidence?

EUDOXIE.

Apprenez donc... car vous avez l'air si aimable! je puis me confier à vous... apprenez que... (Elle regarde autour d'elle.) Que je ne suis pas un homme.

LE CHEVALIER.

Hein? pas un homme!

EUDOXIE, baissant les yeux.

Pas le moins du monde.

LE CHEVALIER.

Comment! une femme? vous êtes une femme?.. Ah! c'est différent, c'est bien différent... approchez donc, mademoiselle...

AIR de la Somnambule.

Vous partirez dans ma voiture,
Et je vous emmène avec moi.

EUDOXIE.

Ah! tant de bonté me rassure,
Et déjà je sens moins d'effroi.

LE CHEVALIER.

Oui, vous paraissez moins peureuse.

EUDOXIE.

C'est qu'il me semble, en ce moment,
Que près de vous je suis heureuse...

LE CHEVALIER, à part.

C'est peut-être un pressentiment.

Que dis-je? trahir tant de confiance!.. oh! non! cela lui portera bonheur... je la protégerai sans récompense.

EUDOXIE.

Je dois tout vous dire, madame... Je m'appelle Eudoxie de Warden...
quant à l'histoire de ma vie, elle est bien commune... elle ressemble à
beaucoup d'autres... c'est encore une jeune orpheline, soumise au pouvoir
d'un tuteur, qui veut la marier contre son gré... j'habitais le Mecklembourg, où l'on a beaucoup parlé de vous.

LE CHEVALIER, regardant derrière son éventail.

Très bien ! très bien !.. Après ?

EUDOXIE.

Je jurai d'échapper à ce fatal mariage... je quittai la maison de mon tuteur... Oh ! c'est une grande faute, peut-être.

LE CHEVALIER.

Mais non, non... vous avez bien fait... tous les tuteurs sont des mons-
tres.

EUDOXIE.

Bravant toutes les recherches, je pensai à me rendre près de l'impératrice Elisabeth... mon père est mort à son service.

LE CHEVALIER.

L'idée est très bonne... Pauvre petite!.. vous m'intéressez beaucoup.

EUDOXIE.

J'appris que monsieur le baron de Sotternich s'était chargé, sans me
connaître, et à la demande de mon tuteur, de me faire arrêter, si je pas-
sais en Prusse... alors, sous ce déguisement, je parvins à me glisser parmi
les gens de sa suite.

LE CHEVALIER.

Bravo!.. (Se reprenant.) La ruse est excellente.

EUDOXIE.

Mais comment aller plus loin?.. Je viens d'apprendre votre présence
dans ce château, le but de votre voyage, et je suis venue me confier à votre bonté.

LE CHEVALIER.

C'est le ciel qui vous envoie!.. je suis ravie, enchantée...

EUDOXIE.

Ah! merci, madame, merci!

LE CHEVALIER.

Vous me remercierez là-bas... à St-Pétersbourg... là, vous ne me quitte-
rez plus... et si je puis vous être utile près de l'impératrice...

EUDOXIE.

Oh! elle aura pitié de moi... j'ai près d'elle un titre sacré... la promesse
qu'elle me fit après la mort de mon père... « Eudoxie, si jamais tu as be-
» soin de moi, souviens-toi qu'Elisabeth peut être ton amie. » Et elle m'em-
brassa... Je puis compter sur elle, n'est-il pas vrai, madame ?

LE CHEVALIER.

Comme sur moi, qui vous embrasse aussi.   (Il l'embrasse sur le front.)

ENSEMBLE.

Air de Monpou

Nous partirons ensemble ;
Puisqu'un destin heureux
En ces lieux nous rassemble,
Que tout soit pour le mieux :
Restons toujours unies ;
Enfin, que désormais
Les deux bonnes amies
Ne se quittent jamais.
Ne nous quittons jamais.
Ah! le charmant voyage !
Le beau pélerinage !
A nous deux, nous aurons du courage,
Pour braver les brigands et l'orage ;
Les dangers, les ennuis ne sont rien ;
Quel plaisir! quel aimable entretien!..
Ah! qu'il est doux de s'entendre si bien !..
Si bien !

SCÈNE X.

LES MÊMES, LAVERGNE, dans le plus grand trouble.

LAVERGNE.

Ah ! c'est vous !..   (Eudoxie recule d'effroi.)

LE CHEVALIER.

Lavergne ! (A Eudoxie.) Ne craignez rien !.. (A demi-voix à Lavergne.) Eh bien !.. la baronne ?.. je vais...

LAVERGNE, le retenant.

Non, restez !..

LE CHEVALIER, toujours à demi-voix.

Ah ! mon Dieu !.. tu trembles !..

LAVERGNE, très bas.

Nous sommes perdus !

LE CHEVALIER.

Eh quoi ! la baronne...

LAVERGNE.

Elle est entrée chez vous.

LE CHEVALIER.

Eh bien ?..

LAVERGNE.

Mais le baron...

LE CHEVALIER.

Le baron !..

LAVERGNE.

L'a suivie.

LE CHEVALIER.

Ah !

EUDOXIE, se rapprochant.

Qu'est-ce donc, madame ?.. vous êtes bien émue...

LE CHEVALIER.

Non... ne faites pas attention, de grace. (Eudoxie s'éloigne. — Revenant à Lavergne.) Parle bas !.. il l'a suivie ?.. le baron ?..

LAVERGNE.

Oui, presqu'aussitôt... mais sans avoir pu la reconnaître, et dans l'obscurité il m'a mis à la porte, en m'imposant silence.

LE CHEVALIER.

Et la baronne ?..

LAVERGNE.

Elle était demi-morte de frayeur.

LE CHEVALIER.

La savait-il là ?

LAVERGNE.

C'est ce que j'ignore.

EUDOXIE, se rapprochant.

Mon Dieu ! madame, si je vous dérange, je sors... je vous laisse.

LE CHEVALIER.

Non, au contraire... restez... nous allons partir, et plus tôt que je ne le voulais peut-être... Lavergne, ce jeune homme nous accompagne.

LAVERGNE.

Comment ! mons... (Se reprenant.) madame !...

LE CHEVALIER, hors de lui.

Mais la baronne !.. la baronne !.. oh ! s'il faut l'enlever à son mari... s'il n'y a pas d'autre moyen de la sauver !..

LAVERGNE.

La voici !

SCÈNE XI.

LES MÊMES, LA BARONNE, très agitée.

LE CHEVALIER, la soutenant.

Baronne !.. ma chère baronne !.. du calme !.. je vous sauverai... Il sait tout, n'est-ce pas ?

LA BARONNE, bas.

Il s'est jeté à mes pieds, m'a pressée, suppliée... heureusement, je me suis échappée...

LAVERGNE, revenant du fond.

Silence !.. le baron !..

EUDOXIE,

(Elle se détourne.)

Ciel !

LE CHEVALIER.

(Il s'éloigne de la baronne.)

Le baron !

LA BARONNE, se levant.

(Elle reste appuyée sur le fauteuil.)

Mon mari !..

SCÈNE XII.

LES MÊMES, LE BARON.

LE BARON, entrant vivement.

Je puis la retenir à présent, et sans crainte... (Apercevant la baronne et s'arrêtant.) Ah ! la baronne... (Il a l'air triomphant et se frotte les mains.) Mille pardons, madame la chevalière d'Eon, si je vous ai laissée si long-temps seule... (Bas.) Et pas un mot !.. ah !

LE CHEVALIER.

Monsieur...

LE BARON, bas,

(Il se rengorge avec fatuité.)

Chut ! la baronne !..

LE CHEVALIER, à part.

Quel air singulier ! (devinant.) Est-ce que... (Il se détourne pour rire.)

LE BARON, à la baronne.

Ah ! c'est vous, ma chère baronne ?.. Je ne vous avais pas vue... je reviens du fond de mon parc.

LA BARONNE.

(Des domestiques paraissent avec des torches au dehors.)

Monsieur...

LAVERGNE, au chevalier.

Madame... tout est prêt pour le départ.

LE BARON.

Comment ! le départ ?.. permettez...

LE CHEVALIER.

Oui, monsieur... je pars.

LE BARON.

Quoi ! déjà !.. quand il me serait si doux...

LE CHEVALIER, bas.

Chut !.. la baronne !..

LE BARON.

Ah ! c'est juste.

ENSEMBLE.

AIR : Final d'Avis aux coquettes.

<table>
<tr><td>LE CHEVALIER, à part.</td><td>LE BARON.</td></tr>
<tr><td>Déjà quitter ces lieux !...</td><td>Déjà quitter ces lieux !</td></tr>
<tr><td>A ses beaux yeux</td><td>De ses beaux yeux,</td></tr>
<tr><td>Il faut adresser mes adieux.</td><td>Il faut recevoir les adieux.</td></tr>
<tr><td>Pas un mot indiscret,</td><td>Pas un mot indiscret,</td></tr>
<tr><td>Qui trahirait</td><td>Qui trahirait</td></tr>
<tr><td>Et notre amour et mon secret :</td><td>Ce qui doit rester un secret :</td></tr>
<tr><td>LA BARONNE.</td><td>EUDOXIE.</td></tr>
<tr><td>Déjà quitter ces lieux !</td><td>Il faut quitter ces lieux</td></tr>
<tr><td>Du moins je veux</td><td>Trop dangereux,</td></tr>
<tr><td>Recevoir ses derniers adieux.</td><td>Et me dérober à ses yeux.</td></tr>
<tr><td>Mais un mot indiscret</td><td>Hélas ! si mon secret</td></tr>
<tr><td>Seul trahirait</td><td>Se découvrait,</td></tr>
<tr><td>Mon imprudence et son secret.</td><td>C'en serait fait de mon projet.</td></tr>
</table>

LAVERGNE.

Il quitte enfin ces lieux
Trop dangereux !
Voici le moment des adieux !
Pourvu qu'il soit discret !
Car son secret
Pour jamais hélas nous perdrait.

LA BARONNE.
Que de regrets pour moi , madame !..
LE CHEVALIER.
Ah ! c'est me faire trop d'honneur.
LE BARON.
Partir ainsi , vous , une femme ,
La nuit , seule , et sans défenseur !..
Pour vous déjà l'effroi me gagne.
LE CHEVALIER.
Rassurez-vous nous serons deux ,
(Montrant Eudoxie.) Et c'est monsieur qui m'accompagne.
LE BARON.
Monsieur !.. (bas à Eudoxie.) Que vous êtes heureux !
(Eudoxie le regarde d'un air étonné.)

REPRISE.

LE CHEVALIER.	LE BARON.
Déjà quitter ces lieux , etc.	Déjà quitter ces lieux , etc.
LA BARONNE.	EUDOXIE.
Déjà quitter ces lieux , etc.	Il faut quitter ces lieux , etc.

LAVERGNE.
Il quitte enfin ces lieux , etc.
(Eudoxie présente galamment la main au chevalier. — Départ.)

FIN DU PREMIER ACTE.

ACTE II.

Le théâtre représente un riche salon de l'Ermitage ; l'appartement de l'Impératrice est
à droite ; au fond, une galerie.

SCÈNE I.
LE COMTE DE VURZOF, puis LE CHEVALIER D'ÉON.
(Les courtisans attendent le grand lever de l'Impératrice. L'officier des gardes est en faction devant
la porte des appartemens particuliers.)

CHŒUR.
Air de Zampa.

A son lever, que notre souveraine,
Trouve en ces lieux toute sa cour.
Belle et puissante, elle est femme, elle est reine ;
Prodiguons-lui nos respects, notre amour.

LE CHAMBELLAN.
Voici onze heures qui sonnent... l'impératrice va bientôt se montrer, et
nous permettre de déposer nos hommages à ses pieds... hommages res-
pectueux, auxquels Sa Majesté a trois titres irrésistibles !.. jeunesse,
beauté... et couronne... (A part.) Le dernier doublant la valeur des deux
autres... (S'approchant de l'officier en faction.) Ah ! ah ! c'est vous qui êtes de
service aujourd'hui, monsieur de Sténof... vous gardez la porte des appartemens secrets de l'Ermitage.

Air du Baiser au Porteur.

C'est un boudoir, un temple qu'on révère,
Qui de nous tous doit être redouté ;
Et l'imprudent qui de ce sanctuaire
Franchirait le seuil respecté,
Paierait cher sa témérité.
(A part.) Qui sait pourtant ?.. une femme, un caprice...
L'audacieux, peut-être... quel honneur !..
Entré, sujet de notre impératrice,
En sortirait presque notre empereur.
(Le chevalier paraît ; il salue en passant, et se dirige vers la porte indiquée.)

L'OFFICIER.

On n'entre pas.

LE CHEVALIER, se nommant.

M. le chevalier d'Éon, envoyé de France.

LE CHAMBELLAN, à part.

Ah! ces Français!..

L'OFFICIER.

Ma consigne n'admet point d'exception, monsieur.

LE CHAMBELLAN, à part.

Arrange-toi de cela, intrigant! en attendant mieux.

LE CHEVALIER, à part.

M'aurait-on dit vrai? et les manœuvres de Bestucheff pour m'empêcher de parvenir jusqu'à l'impératrice... Mais mon traité, morbleu! mon traité! Ah! je la verrai malgré eux, ce soir, à la fête!.. (Tout le monde est remonté vers la galerie.)

LAVERGNE, entrant et allant au chevalier.

Monsieur le chevalier!

LE CHEVALIER.

Ah! Lavergne!

LAVERGNE.

Pardon, si je pénètre jusqu'ici... mais c'est une lettre qu'on vient d'apporter à l'hôtel, et qui ne souffre pas le moindre retard.

LE CHEVALIER.

Donne... ah! de la chancellerie... c'est de Bestucheff. (L'ouvrant et lisant.) « L'impératrice verrait avec plaisir que M. le chevalier d'Éon s'abstînt de » paraître ce soir à la fête de l'Ermitage. »

LE CHAMBELLAN, à part.

C'est ma lettre!.. fort bien.

LE CHEVALIER, lisant.

« Par ordre du chancelier, le chambellan, comte de Vurzof. » (Le Chambellan s'est perdu dans la foule.) Il était ici!.. mais non, un sot, un imbécile, ce n'est pas de lui. (Relisant.) « Par ordre du chancelier. » C'est cela! c'est Bestucheff qui veut me fermer ce palais!.. il craint que je ne réussisse; mais il aura beau faire, je réussirai, car... ce n'est qu'à ce prix que Louis XV me pardonnera le tour que je lui ai joué... et d'abord, j'aurai raison de l'insulte que je reçois, et Bestucheff me verra ce matin, à l'instant même!

LAVERGNE, le retenant.

M. le Chevalier, tenez-vous bien au fond de votre voiture.

LE CHEVALIER.

Et pourquoi?

LAVERGNE.

Parce que ce matin, sur les bords de la Néva, j'ai cru reconnaître à cheval le baron de Sotternich.

LE CHEVALIER.

O ciel! il ne manquait plus que cela... Mais non, à quel propos, ici?.. tu t'es trompé.

LAVERGNE.

C'est possible.

LE CHEVALIER.

Ma compagne de voyage, Eudoxie! as-tu retrouvé ses traces?

LAVERGNE.

Non, pas encore... Vous y pensez toujours?

LE CHEVALIER.

Oh! plus que jamais... car elle est la plus pure, comme la plus belle des femmes... et mon amour s'est augmenté encore de tout le respect que j'ai eu pour elle, même en lui confiant mon secret... mais je la reverrai, dans ce palais, peut-être, dont on veut en vain me fermer l'entrée... Viens, suis-moi; Bestucheff me doit satisfaction!

LE CHAMBELLAN, sortant d'un groupe et regardant partir le chevalier en riant.

Il part!.. Ah! ah! ah! M. le chevalier, tu crois mener notre impératrice à la française... Alte-là! tu n'auras pas ton traité... Ah! ah! ah!

(La porte à droite s'ouvre.

L'OFFICIER, annonçant.

L'impératrice!

LE CHAMBELLAN.

Ah! mon auguste souveraine!

SCÈNE II.

LES MÊMES, ÉLISABETH.

(Elle entre suivie de plusieurs filles d'honneur. Tous les courtisans s'inclinent.)

ÉLISABETH.

Messieurs, je vous salue... Comte de Vurzof, approchez...

LE CHAMBELLAN.

Je demande à votre majesté la permission de déposer mes hommages à ses pieds.

ÉLISABETH, souriant.

Je suis bien aise de vous voir ici. (A part.) Il n'y a pas de quoi, mais c'est égal.

LE CHAMBELLAN.

J'attendais les ordres de votre majesté, et dans mon zèle impatient, si j'avais osé pénétrer...

ÉLISABETH.

Dans mes appartemens, dans ce que vous appelez mon sanctuaire?.. bien vous a pris de vous modérer... Jamais, vous le savez, un homme n'a passé cette porte... c'est un droit que nous réservons à l'empereur de Russie... (Souriant.) quand il y aura un empereur... Pour vous, comte, voyez M. de Bestucheff sur-le-champ... et remettez-lui ce billet que je reçois par une voie inconnue, de M¹¹ᵉ Eudoxie de Warden... qui, arrivée il y a quelques jours à Saint-Pétersbourg, se trouve aujourd'hui prisonnière... je m'intéresse vivement à cette jeune fille... dites-le au chancelier... (Le chambellan va pour sortir.) Ah! portez-lui ces lettres de grace... La cour martiale a condamné au dernier supplice un officier de ma garde... pour avoir pénétré dans cet appartement comme un conspirateur.

LE CHAMBELLAN.

C'est vrai!

ÉLISABETH.

Il dit que c'était par amour.

LE CHAMBELLAN.

Et vous pardonnez?

ÉLISABETH.

Eh! oui... si nous punissons ceux qui nous aiment, que ferons-nous donc à ceux qui nous haïssent?.. et il y en a quelques-uns... Allez donc rendre un fils à sa mère, un époux à sa femme, ou un amant à sa maîtresse... peu importe : il y aura toujours deux cœurs pour me bénir.

LE CHAMBELLAN.

Ah! madame, tant de générosité, de grandeur d'ame!.. j'en suis ému jusqu'aux larmes.   (Il tire son mouchoir pour essuyer ses yeux.)

ÉLISABETH.

Vous n'êtes pas ému du tout... si, par un retard, il arrive quelque malheur, vous m'en répondez sur votre tête.

LE CHAMBELLAN, cessant d'être attendri.

J'y cours, madame, j'y cours.   (Il sort vivement.)

ÉLISABETH, riant.

Pauvre comte! il me flatte... il n'y a pas de mal, cela fait toujours du bien... mais c'est un sot, et voilà qui gâte tout... N'importe, je suis heureuse ce matin... je me sens disposée à être bonne, indulgente, à pardonner à tout le monde... même à ceux qui m'ennuient, comme M. de Vurzof.

AIR d'Aristippe.

Du peu de bien que j'ai pu faire,
Pour mon cœur que le prix est doux!..
Et puis, je serai plus légère
Pour danser ce soir avec vous.
Heureuse qui, toute l'année,
Reine pour se faire chérir,
Par un bienfait commence sa journée
Et la finit par un plaisir!

A ce soir, messieurs. (Tous saluent et s'apprêtent à sortir. A l'officier.) Vous pouvez vous retirer... (Riant.) Le temple, sans l'idole, n'a pas besoin d'être si bien gardé.

CHŒUR.

AIR : Chœur final de Lestocq.

Vive à jamais, vive l'impératrice !
Chacun ici fait pour elle des vœux.
Que son peuple (bis.) la bénisse,
Que tous ses jours soient heureux.

SCÈNE III.

ÉLISABETH, OLGA, FILLES D'HONNEUR.

ÉLISABETH, après avoir jeté un regard dans la galerie.

Je ne le vois pas... c'est singulier... (S'asseyant.) Eh bien ! mesdames, tout sera-t-il bien, ce soir, à la fête de l'Ermitage ?.. on n'a oublié personne de ma cour... aucun étranger de distinction ?

OLGA.

Voici la liste, madame.

ÉLISABETH.

Bien... tous les noms que j'avais donnés... Qu'est-ce? le baron de Sotter-nich ?

OLGA.

Un gentilhomme de la chancellerie prussienne.

ÉLISABETH.

Ah ! oui, oui... arrivé d'hier à Saint-Pétersbourg, on doit me le présenter ce matin... Eh ! mais, je ne trouve pas M. l'envoyé de France, M. le chevalier... d'Eon, je crois?

OLGA, montrant le nom.

Votre majesté l'avait placé le premier sur la liste.

ÉLISABETH.

Moi, je l'avais placé?.. vous croyez?.. c'est possible, le hasard... à peine si je l'ai vu depuis la présentation officielle... vous ne le voyez pas, vous ?

OLGA.

Il me semble l'avoir aperçu ce matin, dans le parterre de votre majesté.

ÉLISABETH.

Ah ! vous l'avez aperçu ? (A part.) Et moi aussi. (Haut.) Et qu'en dit-on, à la cour ?

OLGA.

On dit, madame, qu'il est jeune et beau.

ÉLISABETH.

Ah ! l'on a remarqué...

OLGA.

Il ne faut que des yeux pour cela.

ÉLISABETH.

Et il paraît que mes filles d'honneur en ont d'excellens.

SCÈNE IV.

LES MÊMES, EUDOXIE, en costume de femme.

EUDOXIE, en dehors.

J'entrerai, vous dis-je, je verrai l'impératrice !

ÉLISABETH.

Qu'est-ce donc? qu'y a-t-il?

OLGA.

Une jeune dame qui pénètre malgré les gardes.

EUDOXIE, entrant dans le plus grand trouble.

Oui, l'impératrice!.. (Se jettant aux pieds d'Élisabeth.) Madame!.. madame! je vous demande justice!..

ÉLISABETH, reculant.

Qui êtes-vous ?

EUDOXIE.

La fille du comte de Warden, mort au service de votre majesté.

ÉLISABETH.

Air de Renaud de Montauban.

Eudoxie !.. Eh! quoi! te voilà !..

EUDOXIE, se relevant·

Qu'entends-je !.. ah ! maintenant j'espère :
Vous n'avez pas oublié ce nom-là !

ÉLISABETH.

Pas plus que celui de ton père.
Pour ma défense il fut heureux et fier
De mourir !.. Ah ! pour te le rendre,
A mon tour , je dois te défendre ,
(Lui tendant la main.)   Et sans qu'il m'en coûte aussi cher.

EUDOXIE.

Ah! que de bonté !

ÉLISABETH.

Calme-toi... Contre qui viens-tu me demander justice ?.. pourquoi as-tu
quitté le Mecklembourg ?... comment te trouves-tu en Russie... dans mon
palais ?

EUDOXIE.

Oh ! madame, je suis coupable peut-être, mais le mari qu'on voulait me
donner...

ÉLISABETH.

Oh! il s'agit d'un mari ?.. Cela devient grave. (Aux filles d'honneur, qui écou-
tent.) Mesdames... (Elles s'éloignent toutes.) On voulait te marier ?

EUDOXIE.

A un Prussien.

ÉLISABETH.

Bien laid ?

EUDOXIE.

Il était si vieux !

ÉLISABETH.

Et tu l'as fui, tu t'es réfugiée auprès de moi... C'est bien... rassure-toi...
c'eût été dommage... Moi, je te marierai à ma cour, mais autrement... vingt-
cinq ans, une taille bien prise, un brillant uniforme... j'ai des maris de
toutes les couleurs, on peut choisir... Comment! tu baisses les yeux ?.. j'entends... quand tu refusais l'autre... le vieux... le Prussien... c'est que tu
aimais...

EUDOXIE, vivement.

Oh ! non ! je n'aimais personne... (A part.) En partant.

ÉLISABETH.

Et jusqu'ici, tu as dû faire un voyage bien triste !

EUDOXIE.

Au contraire... (Se reprenant.) C'est-à-dire, ce n'est qu'en arrivant à
Saint-Pétersbourg, que j'ai été en butte à la persécution.

ÉLISABETH.

Oui, j'ai reçu un billet, auquel il a été fait droit... Persécutée !.. et par
qui ?..

EUDOXIE.

M. le comte de Bestucheff...

ÉLISABETH.

Mon ministre ?..

EUDOXIE.

Prévenu sans doute par quelqu'un arrivé avant moi , il m'a fait enlever
de l'hôtel où j'étais descendue, au moment où j'allais partir pour venir
dans ce palais me jeter à vos pieds... car vous étiez mon refuge, ma seule
espérance !

ÉLISABETH.

Et tu ne te trompes pas... Poursuis.

EUDOXIE.

Après m'avoir fait les menaces les plus sévères, il allait me renvoyer
en secret dans le Mecklembourg, quand, par bonheur , j'ai pu m'échapper , et j'ai tout bravé pour pénétrer jusqu'à vous.

ÉLISABETH.

Et tu as bien fait... Je te protégerai contre mon ministre... ah ! ce n'est

pas toujours facile... mais enfin, je tâcherai... Et quel courage il t'a fallu
pour traverser la Prusse et la Russie !

ÉUDOXIE.

Oh ! j'ai commencé à avoir peur... mais j'ai été bien vite rassurée.

ÉLISABETH.

Cependant, tu étais seule ?

EUDOXIE.

Oh non !

ÉLISABETH.

Ah ! tu es venue avec quelqu'un ?

EUDOXIE.

Oui, avec...   (Elle s'arrête confuse.)

ÉLISABETH.

Avec ?..

EUDOXIE.

Une dame française.

ÉLISABETH.

Une dame française ?.. il faudra me la présenter... j'aime beaucoup tout
ce qui vient de France... ce n'est pas l'avis de mes ministres... ils trouvent
que les Français ont trop d'esprit.

EUDOXIE.

Et ils n'aiment pas l'esprit ?

ÉLISABETH.

Oh ! ils ont bien leur raison pour cela... aussi, je ne les écoute pas, et
j'aime ce qu'ils n'aiment pas, un Français peut-être... mais nous nous di-
rons nos secrets plus tard... aujourd'hui, ne songeons qu'à ton repos. (Rap.
pelant les filles d'honneur.) Mesdames... (Apercevant quelqu'un, dont la vue la frappe.)
Ciel ! c'est lui !.. à l'extrémité de cette galerie... il vient, il vient enfin !..

OLGA.

Vous dites, madame ?

ÉLISABETH.

Rien, rien...

AIR : Venez, qu'en mes bras je vous presse. (SIR HUGUES DE GUILFFORT.)

Allez, que ma chère Eudoxie
Soit une compagne pour vous;
Celle qu'à vos soins je confie
Doit être heureuse près de nous.
(A Eudoxie.)   Nous verrons si leur insolence
Te poursuivra jusqu'en ces lieux.

EUDOXIE.

Je compte sur votre puissance

ÉLISABETH.

Sur mon amitié... ça vaut mieux.

ÉLISABETH.

Allez, que ma chère Eudoxie, etc.

LES FILLES D'HONNEUR.

ENSEMBLE.   Que cette dame si jolie,
Soit une compagne pour nous.
Que celle qu'on nous confie
Trouve ici le sort le plus doux.

(Eudoxie et les filles d'honneur sortent.)

SCÈNE V.

ÉLISABETH, puis LE CHEVALIER.

ÉLISABETH.

Je m'étais trompée peut-être, on ne l'annonce pas, ce n'était pas lui...
Eh bien ! qu'importe ?

UN OFFICIER, annonçant.

Monsieur l'envoyé de France, chevalier d'Eon !..

ÉLISABETH, à part, avec joie.

Ah ! j'en étais bien sûre,

LE CHEVALIER.

Madame...

ÉLISABETH.

Approchez, M. le chevalier... On ne vous voit pas à l'Ermitage, et je m'en plaignais à l'instant.

LE CHEVALIER.

Il se pourrait!

ÉLISABETH, se reprenant.

Ah! il s'agissait d'une fête... et d'une place que vous ne refuserez pas dans mon premier quadrille de ce soir.

LE CHEVALIER.

Madame... c'est un honneur dont je remercirais votre majesté, s'il m'était permis de l'accepter.

ÉLISABETH.

Que voulez-vous dire?

LE CHEVALIER, présentant la lettre qu'il a reçue à la première scène.

L'ordre que je reçois à l'instant, madame...

ÉLISABETH.

Quel ordre?.. donnez. (Elle prend la lettre et la parcourt.) Quelle indignité!

LE CHEVALIER.

Eh quoi!

ÉLISABETH.

Je n'ai point donné cet ordre.

LE CHEVALIER.

Il serait vrai!.. Ah! merci, madame, mille fois merci!.. je vois que je ne me suis pas trompé, quand j'accusais... non pas votre chambellan... mais M. de Bestucheff.

ÉLISABETH.

Bestucheff!

LE CHEVALIER.

Aussi, je n'ai point voulu d'abord importuner de mes plaintes votre majesté.

ÉLISABETH.

M'importuner!.. mais non, je vous assure.

LE CHEVALIER.

Je me suis rendu à l'hôtel de votre ministre, pour obtenir de lui une explication... je n'ai point été reçu.

ÉLISABETH.

Ah! c'est manquer aux égards qui vous sont dus... et vous avez bien fait de venir à moi... je vous en sais gré, monsieur le chevalier... Abuser ainsi de mon nom! prétendre régner à ma place!.. (A part.) Ah! M. de Bestucheff, je vous ai tendu la main, et c'est le sceptre que vous voulez prendre!.. (Au chevalier.) Vous viendrez ce soir, à la fête de l'Ermitage... je le veux... (Avec douceur.) Je vous en prie!

LE CHEVALIER.

Ah! madame, je rends grace au chancelier, si c'est à ses torts que je dois l'honneur que vous me faites.

ÉLISABETH.

Il faut bien réparer les fautes de mes ministres... et ce n'est pas toujours facile... ils en font tant!

LE CHEVALIER.

Oh! je comprends, madame, que M. de Bestucheff redoute ma présence à ce bal... il craint peut-être, lui, l'ennemi de la France, que je ne décide votre majesté à jeter les yeux sur certain traité,

ÉLISABETH, plus calme et souriant.

Au milieu d'un bal?

AIR : Vaudeville de l'Ile des Noirs.

C'est là que finit ma puissance,
Dont il ne faut pas faire abus.

LE CHEVALIER.

Que dites-vous?

ÉLISABETH.

Lorsque je danse.
Chevalier, je ne règne plus.
Au bal, séjour de la folie,
Où l'on n'obéit qu'aux amours,

Le sceptre est à la plus jolie.

LE CHEVALIER.

Vous le porterez donc toujours.

ÉLISABETH.

Ah ! vous êtes un flatteur, monsieur le chevalier... mais il n'y a pas de mal... puisque nous adoptons les modes de la cour de France, eh bien! c'en sera une de plus... (A part, après avoir jeté un regard sur lui.) Une voix douce... des traits fins et délicats... un sourire! des regards!.. Il est bien.

LE CHEVALIER.

Ainsi, madame, vous ne pensez pas que ce soit en haine de ce traité que le chancelier m'éloigne?

ÉLISABETH.

Non, je ne crois pas... (A part.) Il est jaloux, mon ministre!.. (Haut.) Mais quelle qu'en soit la cause, vous prendrez place à mon quadrille... cela ne plaira pas à tout le monde.

LE CHEVALIER.

Eh! que m'importe, madame?.. fier de l'honneur que je reçois, je le défendrais au prix de mon sang!

ÉLISABETH, souriant.

C'est beaucoup, pour une contredanse... Vos jours sont trop précieux à vos amis... (Avec émotion.) Et à ce titre, je vous défends d'aller jusque là.

LE CHEVALIER.

Madame... (A part.) Quelle émotion!.. c'est qu'elle me gagne aussi.

ÉLISABETH.

Quant à ce traité, que l'on redoute, apportez-le-moi... nous le verrons ensemble... tous les deux. (Apercevant le chambellan.) M. de Vurzof! (Retenant la lettre du chevalier.) Laissez-moi cette lettre... allez, j'attends ce traité. (Lui donnant la main à baiser.) Allez!

SCÈNE VI.

Les Mêmes, LE CHAMBELLAN, LE BARON DE SOTTERNICH.

LE CHAMBELLAN.

Je demande à votre majesté la permission de déposer mes hommages à ses pieds.

ÉLISABETH, suivant des yeux le chevalier, qui s'éloigne lentement, en la regardant.

Bien, monsieur, bien... (Au chevalier de loin.) Apportez ce traité...

LE CHAMBELLAN.

Voici, selon vos ordres, M. le baron de Sotternich...

LE CHEVALIER, se trouvant face à face avec le baron, au moment de sortir.

Ciel!..

LE BARON.

Ah! bah!..

LE CHEVALIER, à part.

Le baron!..   (Il sort.)

SCÈNE VII.

ELISABETH, LE CHAMBELLAN, LE BARON DE SOTTERNICH.

ÉLISABETH, se retournant au bruit..

Qu'est-ce?..

LE CHAMBELLAN.

M. le baron de Sotternich, qui demande à votre majesté la permission de...

ÉLISABETH.

Eh! mon Dieu! qu'il vienne... Et vous, écoutez-moi!..

LE BARON.

Madame?..

ÉLISABETH.

Bien, bien, baron!... je sais de quelle mission notre frère de Prusse vous a chargé, et je vous verrai toujours avec plaisir... (A part, après l'avoir regardé.) Il est bien laid!..

LE BARON, à part, regardant la porte par laquelle le chevalier est sorti.

Cette ressemblance!.. je ne sais plus où j'en suis...

LE CHAMBELLAN.

M. le baron demande à votre majesté...

ÉLISABETH.

Moi, M. de Vurzof, je vous demande de m'expliquer par quel ordre vous avez adressé à l'envoyé de France la lettre que voici?..

LE BARON, à part.

L'envoyé de France!

LE CHAMBELLAN.

J'ai cru qu'il était de mon devoir...

ÉLISABETH.

Votre devoir n'est pas de faire une insulte pareille à l'envoyé d'une grande nation.

LE CHAMBELLAN.

C'est M. de Bestucheff qui a pensé...

ÉLISABETH.

Eh! non, c'est vous qui n'avez pas pensé, qui ne pensez pas, qui ne pensez jamais!..

LE CHAMBELLAN.

Si fait, quelquefois... quand il plaît à votre majesté... mais il m'a semblé, dans cette circonstance, que votre honneur exigeait...

ÉLISABETH.

Quel honneur?.. que voulez-vous dire?.. parlez... Mais parlez donc!..

LE CHAMBELLAN.

Je ne sais comment expliquer les fanfaronades de ce jeune homme...

LE BARON, à part.

Qu'est-ce qu'il dit?.. un jeune homme! elle!..

ÉLISABETH.

Ses fanfaronades, dites-vous?

LE CHAMBELLAN.

Elles trahissent assurément les intentions de sa cour, qui paraît n'avoir envoyé près de votre majesté un jeune fat, assez vain de ses avantages extérieurs...

ÉLISABETH.

Mais... il se rend justice.

LE CHAMBELLAN.

Que pour arriver à son but, auprès de vous... par des moyens... enfin... d'une haute inconvenance.

ÉLISABETH.

Plaît-il?..

LE CHAMBELLAN.

Votre majesté a saisi ma pensée... (Se reprenant.) Celle du ministre.

LE BARON, à part.

Ah! ce n'est pas cela!

ÉLISABETH.

Les preuves d'une pareille intrigue?..

LE CHAMBELLAN.

M. de Bestucheff les a sans doute... D'ailleurs, les indiscrétions du chevalier d'Eon...

LE BARON, à part.

D'Eon?.. c'est cela!

ÉLISABETH, très agitée.

Il se pourrait!.. Louis XV aurait voulu me choisir un ministre favori, un ambassadeur Pompadour!.. et le chevalier d'Eon serait l'homme... Ah! c'est impossible!..

LE BARON, s'oubliant.

Eh! oui, impossible.

ÉLISABETH.

Vous dites, M. le baron?..

LE BARON.

Pardon, madame, si j'ose être de l'avis de votre majesté!..

LE CHAMBELLAN.

Il n'y a pas de mal... mais sa majesté ne vous a pas fait l'honneur de vous interroger.

ÉLISABETH.

Si fait!.. Achevez, monsieur... Votre raison?..

LE BARON.

Ma raison... c'est que... c'est que la personne... dont il est question en ce moment...

ÉLISABETH.

Eh bien?..

LE BARON.

Ne saurait être l'homme qui... enfin...

LE CHAMBELLAN.

Parce que?..

LE BARON.

Parce que cet homme... est... est une femme.

ÉLISABETH.

Une!..

LE CHAMBELLAN.

Vous dites?..

LE BARON.

J'ai dit : une femme, et je répète: une femme.

LE CHAMBELLAN.

Le chevalier d'Eon?..

ÉLISABETH.

M. de Beaumont?..

LE BARON.

Mlle la chevalière d'Eon de Beaumont.

ÉLISABETH.

Mlle la chevalière?.. la?.. Allons donc! monsieur, vous êtes fou!..

LE CHAMBELLAN.

Assurément.

LE BARON.

J'ose affirmer que je jouis de toutes mes facultés intellectuelles.

LE CHAMBELLAN.

Une femme!..

ÉLISABETH.

Une!.. ah! ah! ah!..

LE CHAMBELLAN.

Mais non, madame, non, cela ne se peut pas... le baron ne sait ce qu'il dit... c'est-à-dire, se trompe.

ÉLISABETH, au baron.

Vous connaissez la personne dont vous parlez?

LE BARON.

Beaucoup... mais j'ose dire, beaucoup.

LE CHAMBELLAN.

Comment! vous l'auriez vue à Saint-Pétersbourg?

LE BARON.

Mieux que cela... je l'ai reçue dans mon château.

ÉLISABETH.

Dans votre château... vous?

LE BARON.

Moi... c'est-à-dire, madame la baronne de Sotternich.

ÉLISABETH, ironiquement.

Votre femme?

LE CHAMBELLAN, souriant.

Ah! c'est par Mme la baronne que vous avez appris...

LE BARON, avec fatuité.

Ce n'est pas par Mme la baronne.

ÉLISABETH.

Et comment?

LE BARON.

Pardon, si je ne réponds pas à votre majesté.

ÉLISABETH.

Vous auriez fait la cour à cette dame?..

LE CHAMBELLAN.

Vous avez fait votre cour à cette dame?..

LE BARON.

J'ai fait ma cour à cette dame.

ÉLISABETH.

Ainsi, M. le baron...

LE BARON, toujours avec suffisance.

Brisons là, de grace, brisons là!..

ÉLISABETH.

Ah! mon Dieu!.. Ainsi, vous ne doutez pas...

LE CHAMBELLAN.

Que malgré le costume...

LE BARON, souriant.

Oh! l'autre lui va mieux...elle a une grace, un abandon!.. Ah! pardon!

LE CHEVALIER.

Ce serait le comble de l'impertinence!..

ÉLISABETH, à part.

Une femme! une femme!.. quand tout à l'heure encore, il me laissait une émotion!.. Ah! non, non. (Haut.) Quelle apparence que la cour de Versailles envoye à Saint-Pétersbourg une femme, sous un titre pareil?.. par quel motif?..

LE BARON.

Le motif?.. je crois le connaître.

ÉLISABETH.

Et quel est-il, monsieur?..

LE BARON.

Je n'oserai jamais dire devant votre majesté...

ÉLISABETH.

Parlez, je le veux, je l'ordonne.

LE BARON.

C'est qu'il a semblé à la cour de France que, pour une impératrice...

ÉLISABETH.

Eh bien?

LE BARON.

Pardon, c'est Mlle d'Eon qui parle.

ÉLISABETH.

Ah! monsieur, j'ai envoyé en Sibérie des gens moins rebelles que vous.

LE BARON.

M'y voilà, grande souveraine, m'y voilà.

LE CHAMBELLAN.

Que pour une impératrice, il suffirait...

LE BARON.

D'une ambassadrice.

ÉLISABETH, sévèrement.

Ah! il vous a dit cela?

LE BARON.

Il... c'est-à-dire, elle.

ÉLISABETH.

C'en est trop!.. c'est une insulte à ma couronne, à mon peuple, à l'Europe entière!.. ah! il suffit d'une femme pour me gouverner!..

LE CHAMBELLAN.

AIR de Turenne.

Ah! je comprends votre colère...

ÉLISABETH.

Vous ne comprenez rien du tout!..
(Avec dépit.) Cet homme, qui cherchait à plaire,
Se change en femme tout à coup!

LE CHAMBELLAN.

Il faut punir...

LE BARON.

Ah! soyez plus humaine:
(Galment.) C'est une ruse, un tour, je croi,
Que de grand cœur pardonnerait un roi.

ÉLISABETH.

Un roi! fort bien... mais je suis reine,
Quel tour affreux pour une reine!

LE CHAMBELLAN, au fond.

Ah!.. dans cette galerie... c'est lui!.. c'est-à-dire, c'est elle.

ÉLISABETH.

Voyez, baron, voyez... assurez-vous bien que vous ne vous trompez pas.

LE BARON.

Oh! je la reconnaîtrais entre mille...

LE CHAMBELLAN.

Je vais lui défendre de paraître devant votre majesté.

ÉLISABETH, hors d'elle.

Au contraire!.. dites-lui de venir, à l'instant, je le veux... (Le chambellan va jusqu'au fond, l'impératrice continue à part.) On m'aurait jouée!..

SCÈNE VIII.

LES MÊMES, LE CHEVALIER.

LE CHAMBELLAN, au chevalier.

Sa majesté l'ordonne.

LE CHEVALIER.

J'obéis, madame.

ÉLISABETH.

Connaissez-vous M. le baron ?   (Le baron salue en souriant.)

LE CHAMBELLAN.

M. le baron ?..

LE BARON.

M. le baron.

LE CHAMBELLAN.

Quel trouble!..

ÉLISABETH.

Vous ne répondez pas?

LE CHEVALIER, très embarrassé.

Pardon... c'est que votre majesté ne saurait comprendre... je ne puis expliquer...

ÉLISABETH.

Vous ne répondez pas!..

LE CHAMBELLAN.

Sa majesté vous fait l'honneur...

ÉLISABETH.

Taisez-vous!.. Quant à vous, monsieur... (Se reprenant.) Madame...

LE CHEVALIER.

Madame!..

ÉLISABETH, l'observant à part.

Mais non, non... ce regard... cette tournure... c'est impossible.

SCÈNE IX.

LES MÊMES, OLGA, EUDOXIE, FILLES D'HONNEUR.

OLGA.

Madame, les salons de l'Ermitage se remplissent de monde, et nous pensons...

ÉLISABETH.

Bien, bien!.. je ne puis recevoir, je ne puis... Ah! c'est vous, Eudoxie...

EUDOXIE.

Madame...

LE CHEVALIER.

Que vois-je!

EUDOXIE, l'apercevant et laissant échapper un cri.

Ah!

LE CHEVALIER.

Eudoxie!

ÉLISABETH.

Comment! vous vous connaissez?..

EUDOXIE, très troublée

Moi ?.. en effet, je dois avouer...

LE CHEVALIER.

J'ai eu l'honneur d'accompagner madame jusqu'à Saint-Pétersbourg.

ÉLISABETH.

Ah!.. Messieurs, messieurs, éloignez-vous.

ENSEMBLE.

Air : Il ne peut s'en défendre (DU DIEU ET LA BAYADÈRE.)

<table>
<tr><td>ÉLISABETH.</td><td>LE CHEVALIER.</td></tr>
<tr><td>Pour moi, tout ce mystère,
Va bientôt s'éclaircir;
Elle n'a pu se taire,
Et vient de se trahir...</td><td>Dieu ! que dire et que faire ?
Car tout va s'éclaircir.
(Montrant le baron.) Il n'a pas su se taire
Et vient de me trahir !</td></tr>
<tr><td>LE BARON.</td><td>LE CHAMBELLAN.</td></tr>
<tr><td>Quel est donc ce mystère ?
Voudrait-on la punir ?
Ah! j'aurai dû me taire,
Et ne pas la trahir.</td><td>Pour nous, tout ce mystère,
A l'instant va finir;
Imprudente étrangère !
On saura te punir.</td></tr>
</table>

EUDOXIE

Dieu! que dire et que faire ?..
Je me sens défaillir ;
Je ne puis que me taire,
De peur de me trahir.

LE BARON, à part et regardant Eudoxie.

C'est singulier... J'ai vu cette figure-là quelque part.

(Le chambellan et le baron remontent la scène, et restent au fond.)

LE CHEVALIER, à part.

Et ne pouvoir parler sans perdre l'une ou l'autre !

ÉLISABETH, à Eudoxie.

Eh quoi ! cette dame française qui vous a accompagnée, c'était...

EUDOXIE, baissant les yeux.

Oui, madame..

ÉLISABETH.

C'est bien... laissez-nous.

REPRISE DE L'ENSEMBLE.

<table>
<tr><td>ÉLISABETH.</td><td>LE CHEVALIER.</td></tr>
<tr><td>Pour moi, tout ce mystère, etc.</td><td>Dieu ! que dire et que faire ? etc.</td></tr>
<tr><td>LE BARON.</td><td>LE CHAMBELLAN.</td></tr>
<tr><td>Quel est donc ce mystère ? etc.</td><td>Pour nous, tout ce mystère etc.</td></tr>
</table>

EUDOXIE.

Dieu ! que dire et que faire ?.. etc.

(Tout le monde sort.)

SCÈNE X.

ELISABETH, LE CHEVALIER.

LE CHEVALIER, à part.

Que lui dire ?.. et comment expliquer...

ÉLISABETH.

Vous le voyez, je sais tout.. et je ne puis trop condamner l'intrigue qui vous envoie à ma cour sous un pareil déguisement.

LE CHEVALIER.

Moi ?.. que votre majesté me permette...

ÉLISABETH.

Non, madame, non, rien ne peut excuser...

LE CHEVALIER.

Madame !.. C'est... c'est à moi que ce mot s'adresse ?..

ÉLISABETH.

Je sais tout, vous dis-je... n'espérez pas m'abuser plus long-temps... et puisque tout est connu, vous pouvez reprendre les habits de votre sexe.

LE CHEVALIER.

Votre majesté met ma fierté à une cruelle épreuve... Mais je dois à l'honneur de ma cour, au mien, de vous déclarer qu'on vous a trompée.

ÉLISABETH.

Et le baron de Sotternich, qui vous a reçue dans son château ?..

LE CHEVALIER, souriant.

Le baron ?.. (à part.) Je ne puis pourtant pas avouer..

ÉLISABETH.

Et cette jeune fille, Eudoxie, qui m'avait parlé de vous avant cette rencontre, qu'elle n'attendait pas ?

LE CHEVALIER.

Eudoxie !

ÉLISABETH.

Ici , le doute serait une insulte pour elle.

LE CHEVALIER.

En effet , madame , je ne dis pas...

ÉLISABETH , riant.

Allons ! vous avouez enfin... Quelle idée folle !.. (Mouvement du chevalier.)
Et tenez, malgré ma colère, je ne puis m'empêcher de rire de l'étrange
susceptibilité de mon ministre , qui ne voyait en vous qu'un homme envoyé de France pour me séduire... ah ! ah ! ah !

LE CHEVALIER.

Quoi ! M. de Bestucheff ?.. (à part.) C'est donc là la cause de sa haine ?

ÉLISABETH.

Et s'il eût été vrai que vous, homme de Versailles, vous eussiez accep-
té un pareil message , pour arracher à ma faiblesse ce traité, que ma
raison aurait refusé peut-être... qu'en dites-vous ?

LE CHEVALIER.

C'eût été me faire injure, que de supposer une intention politique , là
où il n'y aurait eu qu'un sentiment plus tendre.

ÉLISABETH , souriant.

En vérité ?

LE CHEVALIER.

L'espérance seule eût été coupable... si j'avais pu espérer.

ÉLISABETH.

Eh ! pourquoi pas ?.. Il n'y a plus de danger, et entre femmes on peut
bien se dire cela... Oui, le chevalier d'Eon m'avait paru un chevalier ac-
compli, fait pour plaire à toutes les femmes , même à une femme cou-
ronnée... moi-même enfin... je ne dis pas... (Mouvement du chevalier.)

AIR : d'Yelva.

Et voyez quelle impertinence ,
Si je n'eusse appris le secret :

LE CHEVALIER.

Avant pareille confidence
Vous m'aimiez !..

ÉLISABETH.

Cela commençait.
C'est un amour que , sans colère,
Madame, au point où nous voilà,
Je puis dire à la chevalière...
Car le chevalier n'est plus là.
Je dis tout à la chevalière ,
Quand le chevalier n'est plus là.

LE CHEVALIER.

Quoi ! madame..

ÉLISABETH.

Oh ! je puis vous excuser , vous... mais le ministre insolent qui m'a es-
timée si peu , que les ruses d'une femme lui parussent bonnes pour me
séduire!..

LE CHEVALIER.

Eh bien non , madame, non !.. dussé-je me perdre , dussé-je com-
promettre des intérêts qui me sont chers et sacrés.. Je ne puis laisser du-
rer cette plaisanterie !

ÉLISABETH , riant.

Que dites-vous , madame ?

LE CHEVALIER.

Madame !.. ah ! c'en est trop !.. Je respecte votre majesté.. mais je ne
puis pas souffrir plus long-temps...Madame !

ÉLISABETH.

Eh ! mais , madame.. c'est un titre qu'on me donne tous les jours , et
dont je suis fière.. C'est que je ne l'ai pas renié, moi.

LE CHEVALIER.

C'est que vous y avez sans doute des droits...que je n'ai pas.

ÉLISABETH.

Puisque je vous pardonne, à vous!

LE CHEVALIER.

Non, madame, non... car là seraient l'imposture et le mensonge!

ÉLISABETH, étonnée.

Ah! (A part.) Mais en vérité, il a un air de dépit, de conviction!.. Je préfèrerais cela.

LE CHEVALIER.

Et s'il fallait avoir été coupable, j'aimerais mieux que ce fût d'avoir cherché à vous plaire.

ÉLISABETH, souriant.

Vrai? (A part.) Et moi aussi. (Haut.) Heureusement, madame, il n'est plus temps.

LE CHEVALIER.

Madame! madame!.. mais quand je vous jure...

ÉLISABETH.

Prenez garde... vous allez me fâcher, à la fin... Oh! je vous écoute, je reste, parce que je le puis, sans crainte, sans danger...

LE CHEVALIER.

Mais s'il y en avait!

ÉLISABETH, riant.

Eh! non.

LE CHEVALIER.

Mais si je vous jurais...

ÉLISABETH.

Mais je ne vous croirais pas.

LE CHEVALIER.

Et si j'osais vous aimer!

ÉLISABETH, riant plus fort.

Vous ne le pouvez pas.

LE CHEVALIER, à part.

Ah! c'en est trop!.. Ma foi...

AIR : Trompez-moi, trompons-nous. (AMÉDÉE DE BEAUPLAN.)

Eh bien! je dois trahir mon cœur,
Oui, je vous aime avec ardeur!

ÉLISABETH.

Vous m'aimez?.. quoi! vraiment,
Vous, madame, en ce moment?..
   C'est égal, c'est égal,
   C'est bien plus original.
   Faites-moi les sermens
Que vous ont faits mille amans :
   Vous savez, n'est-ce pas,
   Ce qu'on dit en pareil cas?
Parlez donc! (bis.) J'y consens, tout va bien,
Tant que je ne risque rien.

ENSEMBLE.

ÉLISABETH.	LE CHEVALIER.
Trompez-moi, c'est charmant,	Vous tromper! non, vraiment,
Et rien n'est plus amusant.	Je vous en fais le serment.
Trompez-moi; tout va bien,	Ce secret est le mien,
Tant que je ne risque rien.	Mais je ne vous trompe en rien.

LE CHEVALIER.

Et si, bravant votre courroux,
Je me jetais à vos genoux!..

ÉLISABETH.

A mes pieds!.. quoi! vraiment,
Vous, madame, en ce moment?..
   C'est égal, c'est égal,
   C'est bien plus original.
   Allons donc! mettez-vous
   Humblement à deux genoux :
   Vous savez, n'est-ce pas,
   Ce qu'on fait en pareil cas?..

(Lui tendant la main.) Prenez donc! (bis.) J'y consens, tout va bien,
(Retirant sa main, que le chevalier va porter à ses lèvres.)
Tant que je ne risque rien.

REPRISE DE L'ENSEMBLE.

LE CHEVALIER, redoublant d'audace.

Et puisque vous m'y forcez...

ÉLISABETH.

Eh! mais, j'ai peur.

LE CHEVALIER.

Ce baiser...

ÉLISABETH, l'évitant.

Bien! bien!.. En me plaignant à votre cour, j'attesterai pourtant, madame, que vous jouez très bien la comédie. (Elle sort par la porte de ses appartemens.)

SCÈNE XI.

LE CHEVALIER, seul.

Madame! madame!.. ah! je suis outré, je suis poussé à bout!.. Je ne sais qui m'a retenu... j'ai eu tort, oui, j'ai eu tort... Avec cela que, près d'elle, je me sentais à la tête et au cœur des idées!.. Une femme! moi, une femme!.. mais je vais être la fable de cette cour, de la France, de l'Europe entière... Que dire? que faire? trahir le secret de la baronne, celui d'Eudoxie, quand leur honneur est en jeu!.. Cependant, je ne puis pas rester exposé à l'insolence du premier fat, de ce Bestucheff! je ne le puis pas... Allons, allons, je serai indiscret, il le faut... et ces lettres de la baronne... (Il les tire de sa poche.) C'est mal, peut-être... mais je ne m'exposerai pas aux rires moqueurs... non, non! je ne serai la fable de personne, et malheur à qui oserait...   (Il va pour entrer chez l'impératrice.)

SCÈNE XII.

LE CHEVALIER, LE CHAMBELLAN, suivi des COURTISANS, D'EUDOXIE et des FILLES D'HONNEUR.

LE CHAMBELLAN, entrant gaîment.

Ah! ah! ah!.. c'est fort plaisant, et M. de Bestucheff a bien ri.

LE CHEVALIER.

Et de quoi, monsieur?

LE CHAMBELLAN.

Mais, de votre ruse féminine.

LE CHEVALIER.

Vous êtes un insolent!..

LE CHAMBELLAN, riant.

Plaît-il, mademoiselle?

LE CHEVALIER.

Je suis un homme!.. et la preuve, la voilà!
(Il lui jette son gant à la figure, et entre chez l'impératrice.)

TOUS.

Que vois-je!..

EUDOXIE.

Grand Dieu!

SCÈNE XIII.

LES MÊMES, hors le chevalier, LE BARON.

LE CHAMBELLAN, ébahi.

Son gant... son gant, à mon visage!..

LE BARON.

Elle est vive... oh! elle est très vive.

EUDOXIE, à part.

Que dit-il?..

LE CHAMBELLAN, furieux.

De qui parlez-vous, monsieur?.. je ne crois plus à tous vos contes!

LE BARON.

Mes contes? par exemple! mes contes!

EUDOXIE, à part.

Quelle imprudence!

LE CHAMBELLAN.

Ce n'est pas plus une femme que vous et moi.

LE BARON.

Vous, je ne dis pas, mais quant à moi...

LE CHAMBELLAN.

Eh! laissez-moi donc tranquille!.. Messieurs, je vous prends tous à té-
moins que j'ai été mortifié, de la manière la plus positive... Il m'a traité
comme un cosaque... et j'en aurai vengeance!

EUDOXIE, s'avançant en tremblant.

Vengeance!.. de qui, monsieur? et pourquoi?..

LE CHAMBELLAN.

Comment! vous n'avez pas vu ce geste, ce gant?.. le voilà encore... Il
faut qu'il se batte, il se battra... avec mon neveu... un jeune officier, qui
ne le ménagera pas... qui se bat toujours pour moi... affaire de famille.

LE BARON, riant.

Allons donc! calmez-vous, que diable... si c'était moi ou un de ces messieurs, à la bonne heure!.. mais de la main d'une femme...

LE CHAMBELLAN.

Si c'en est une, je suis mystifié!.. Si c'est un homme, je suis insulté!.
insulté dans mon honneur, dans l'honneur de ma souveraine, chez qui il
est insolemment entré!

EUDOXIE, troublée.

Chez l'impératrice!

LE BARON, criant.

Mais c'est une femme! une femme! une femme!..

LE CHAMBELLAN, criant aussi.

Cela ne se peut pas!.. car il faut qu'on me fasse raison... et qui donc alors?.

SCENE XIV.

LES MÊMES, LE CHEVALIER, puis ELISABETH.

LE CHEVALIER, paraissant.

Ce sera moi, monsieur!

LE CHAMBELLAN.

Vous?

TOUS.

AIR des Huguenots.

L'offense est cruelle!
Oui, mais une belle,
De ses tors peut-elle
Demander pardon?..

ÉLISABETH, un papier à la main.

Eh! mon Dieu! qu'y a-t-il donc, messieurs?.. quel bruit jusqu'à la porte
de mes appartemens!

LE CHAMBELLAN.

Vous nous voyez profondément irrités de l'insolence de monsieur, qui a
osé franchir le seuil de ce boudoir, après avoir levé la main sur moi.

ÉLISABETH.

Eh! (Regardant le chevalier.) C'est mal, c'est très mal... abuser ainsi de votre position! de la galanterie de notre chambellan envers une femme!..

LE CHAMBELLAN.

Une femme!..

LE BARON, riant.

Bien! bien!.. c'est ce que je disais.

ÉLISABETH, jetant les yeux sur le baron et partant d'un éclat de rire qu'elle ne peut
réprimer

Ah! ah! ah! ah!..

LE CHEVALIER.

Messieurs, sa majesté a ri!..   (Tous se mettent à rire.)

LE CHEVALIER, à part.

Ils sont parfaitement dressés.

ÉLISABETH, s'efforçant de prendre son sérieux.

N'est-ce pas, baron?

LE BARON.

Oui, une femme... (A part.) **Parbleu!**

ÉLISABETH.

Qu'en dis-tu, Eudoxie?

EUDOXIE, baissant les yeux.

Mais... une femme.

ÉLISABETH.

Mlle d'Eon vient de m'en faire un aveu, auquel je veux croire.

LE CHEVALIER, bas et vivement.

Madame!..

ÉLISABETH, l'arrête d'un regard et poursuit.

J'ai pardonné... je fais plus; voici le traité avec la France, que j'ai signé.

LE CHEVALIER, à part avec joie.

Se peut-il?..

ÉLISABETH.

Mais à une condition, que la chevalière d'Eon accepte sous la garantie de sa cour. (Mouvement du chevalier. Elle continue, les yeux fixés sur lui.) C'est que, renonçant désormais à un rôle que son imprudence vient de rendre impossible plus long-temps... (Elle jette un coup d'œil sur la porte du boudoir.) Elle reprendra aujourd'hui même les habits de son sexe, pour ne plus les quitter jamais.

LE CHEVALIER, à part.

Qu'entends-je!..

EUDOXIE, à part.

Que signifie?..

ÉLISABETH, d'un ton toujours significatif.

Il y va de notre honneur... mon alliance et la paix ne sont qu'à ce prix.

AIR du Baiser au porteur.

A cet arrêt vous devez vous soumettre:
Par un refus on ne peut m'outrager,
Sans ingratitude peut-être,
Et peut-être aussi sans danger.

LE CHEVALIER.

Que dites-vous!

ÉLISABETH.

C'est à vous d'y songer.
Dans ce boudoir nul profane, madame,
Ne peut entrer sans blesser notre honneur,
Et l'on n'en peut sortir que femme,
Quand on n'en sort pas empereur.

LE CHEVALIER, à part.

Fiez-vous donc aux impératrices!

ÉLISABETH, à part.

Fiez-vous donc aux ambassadrices!   (Air de danse jusqu'à la fin.)

EUDOXIE, bas au chevalier.

Mais dites-lui donc qu'elle se trompe, que vous êtes...

LE CHEVALIER, lui serrant la main.

Chut!.. Vous me rejoindrez en Angleterre.

LE BARON.

Bien jugé!.. ces vilains habits d'homme ne lui vont pas du tout!

ÉLISABETH, se tournant vers le chambellan.

Et quand madame l'envoyée de France quittera la Russie... dans quelques jours... M. le comte Vurzof, son chevalier d'honneur, l'accompagnera jusqu'à la frontière.

LE CHAMBELLAN, bas.

Moi, madame?.. après l'insulte...

ÉLISABETH.

C'est juste... j'oubliais... il vous faut une réparation. (Au chevalier.) Approchez... (Au chambellan.) Comte de Vurzof, vous avez été insulté... Mettez un genou en terre, souriez avec grace, et baisez la main qui vous a frappé... c'est ainsi qu'on se venge d'une femme, d'une jolie femme.

(Le chambellan obéit à tout, et au moment où il prend la main du chevalier, qui rit à part.)

LE BARON.

Encore un heureux.

FIN DU DEUXIÈME ACTE

ACTE III.

Le théâtre représente une pièce de l'appartement du chevalier, dans un hôtel garni, à
Londres. Entrée par le fond ; chambre à coucher à gauche ; entrée dérobée à droite ;
une porte dans le fond à gauche ; une glace, une table, ce qu'il faut pour écrire.

SCÈNE I.

BETZY, au fond, à la cantonnade.

Bien, bien... ce n'est pas ici votre place...allez à votre ouvrage... préve-
nez mon père, dès qu'il nous arrivera des voyageurs... et surtout, n'oubliez pas que l'hôtel DE LA MARINE est le premier hôtel de Londres pour le
zèle, la propreté, le rostbeef et la politesse... allez... Ah! je suis seule... (Elle
écoute à la porte de la chambre.) Rien!.. pas le moindre bruit... Bon jeune
homme! dort-il bien!.. ce n'est pas comme moi... je ne dors plus. (S'éloi-
gnant de la porte sur la pointe des pieds.) Chut!.. mettons en ordre son papier,
ses plumes...ça lui fera plaisir...Qu'est-ce donc qu'il a à écrire toute la journée?.. (Elle regarde les papiers.) « MES MÉMOIRES... » Ah!.. « CHAPITRE XVII :
»MON SÉJOUR A LA COUR DE L'IMPÉRATRICE DE RUSSIE ». Ah! il a été à la cour!
chez une impératrice!.. et il écrit ses mémoires!.. c'est donc pour ça que
depuis son arrivée à Londres, il y a trois mois, il ne sort jamais... ne reçoit personne... ce n'est pas lui qui ferait monter par ce petit escalier dé-
robé... (Montrant la porte à droite.) des personnes qui... que... enfin... (Écoutant, au moment où le Baron paraît au fond.) Ah! je crois entendre, il se réveille!
(Elle court vers la porte à gauche.)

SCÈNE II.

BETZY, LE BARON.

LE BARON, s'approchant d'elle.

Jeune fille...

BETZY, effrayée.

Ah! vous m'avez fait peur!..

LE BARON.

Vous m'étonnez... ce n'est pas mon habitude.

BETZY.

C'est que ce bruit... je croyais que c'était par ici...et puis, un étranger...
une visite!.. c'est la première!

LE BARON.

Remettez-vous, petite... pour être Prussien, on n'est pas un Kalmouck.

BETZY.

Ah! monsieur est Prussien... Monsieur veut... monsieur demande?

LE BARON.

Eh! parbleu!.. une jeune dame, que je cherche depuis trois jours d'hôtel en hôtel... madame la chevalière d'Eon.

BETZY.

La chevalière d'Eon?.. je ne connais pas.

LE BARON.

Allons donc! vous en êtes bien sûre?

BETZY.

Nous n'avons pas de femmes ici...Dieu! c'est trop d'embarras, les femmes...
nous n'avons que des messieurs, c'est plus aimable.

LE BARON, avec humeur.

Je vais donc continuer... que le diable!..

BETZY, sans s'arrêter.

Monsieur le marquis de Vernillac...

LE BARON, allant pour sortir.

Bien! bien!..

BETZY, continuant.

M. le chevalier de Beaumont...

LE BARON, s'arrêtant à la porte.

Hein?..

BETZY.

Oui , M. le chevalier de Beaumont , monsieur...

LE BARON , revenant vivement.

De Beaumont !.. (A part.) D'Eon de Beaumont...parbleu ! c'est cela !.. Ah ! ça , est-ce qu'il y aurait encore du mystère ?.. est-ce que ?..

BETZY.

Tiens ! à qui en a-t-il donc ?..

LE BARON.

Écoutez-moi , petite... monsieur le chevalier d'Eon , ou de Beaumont... n'importe... il loge dans cette maison ?..

BETZY.

Vous êtes chez lui.

LE BARON.

Ah ! bah ! (La main sur le cœur.) J'aurais dû le sentir là.

BETZY , montrant la gauche.

Voici sa chambre.

LE BARON.

Vrai ?.. je cours lui parler...

BETZY , se jetant devant la porte.

Non , monsieur... impossible , on n'entre pas !.

LE BARON.

Si fait....

BETZY.

Puisqu'il dort... La clé est retirée , ainsi. (A part.) Eh bien ! il est sans gêne, ce vieux-là.

LE BARON.

C'est juste... vous avez raison... la décence... le respect dû à la beauté qui sommeille... (A part.) Tout le monde n'est pas forcé de savoir...

BETZY.

Qu'est-ce qu'il dit ?..

LE BARON.

Je n'entrerai pas ; mais s'il tarde à s'éveiller , je laisserai un mot pour lui.

BETZY.

Comme monsieur voudra... à cette table , voilà tout ce qu'il faut pour écrire... Moi , je vais préparer son déjeuner... du thé bien chaud et de bonnes petites tartines de beurre... ce sera bientôt fait ; car il mange si peu !..

LE BARON , souriant.

Ah ! vraiment ? vous trouvez ?.. mais oui , c'est assez naturel.

BETZY , à part.

Qu'est-ce qu'il a donc à rire ?

LE BARON.

Allez , jeune fille... je vois que vous êtes heureuse de le servir.

BETZY.

Certainement... (A part.) Il m'embrassera encore ce matin.

(Elle sort par le fond à gauche.)

SCÈNE III.

LE BARON, puis LE CHEVALIER.

LE BARON , s'asseyant.

Pauvre innocente... elle peut servir son chevalier tout seul, il n'y a pas de danger... (Se disposant à écrire.) Écrivons quelque chose de galant, de spirituel... c'est difficile, quand on n'a pas l'habitude...

Le chevalier entre doucement par la petite porte de droite ; il est en femme, et porte un mantelet, qui lui couvre la tête.)

LE CHEVALIER , sans voir le baron.

Ah ! mon Dieu !.. je suis encore tout effrayé... j'ai cru qu'on me suivait...

(Il marche vers sa chambre.)

LE BARON , écrivant.

Belle dame, depuis trois jours...

LE CHEVALIER , mettant la clé dans la serrure.

Rentrons, sans être vu...

LE BARON , se retournant au bruit.

Hein ? qui va là ?..

LE CHEVALIER.

Ciel !.. quelqu'un !..

LE BARON, se levant vivement.

Eh! mais... c'est elle !.. c'est vous !..

LE CHEVALIER, à part.

Oh ! le baron de Sotternich !

LE BARON.

Vous voilà donc enfin !

LE CHEVALIER, balbutiant.

Je... je sortais...

LE BARON.

Ah ! madame, vous voyez un baron dans le ravissement...

LE CHEVALIER.

Mon Dieu ! monsieur le baron... je suis confuse... (A part.) Damné Prussien ! que le diable t'emporte !..

LE BARON.

Vous ne vous attendiez pas au plaisir que je vous cause ?..

LE CHEVALIER.

Non, je vous assure. (A part.) Il est partout !

LE BARON, riant.

Eh! eh!.. c'est que, voyez-vous, nous autres diplomates, nous sommes un peu cosmopolites... nous avons une existence vagabonde, européenne... nous sommes les Juifs errants de la politique... (Mouvement du chevalier pour sortir.) Oh ! ne croyez pas que ce soit comme à Saint-Pétersbourg, où je n'ai jamais pu me trouver seul avec vous... l'impératrice vous aimait tant !.. elle ne pouvait plus vous quitter.

LE CHEVALIER.

Et dites-moi, vous n'avez pas de nouvelles de Saint-Pétersbourg ?..

LE BARON.

Si fait... il paraît qu'Elisabeth est devenue triste, inquiète... elle a même pris en haine une jeune fille de son palais, qui cherche en vain à lui échapper.

LE CHEVALIER, à part, essuyant une larme.

Pauvre Eudoxie !.. (Haut.) Adieu, monsieur le baron...

LE BARON.

Mais non... m'en aller sitôt !.. j'ai tant de choses à vous dire !..

LE CHEVALIER, gagnant sa chambre.

Gardez cela pour la baronne, volage.

LE BARON.

Elle n'existe plus...

LE CHEVALIER, revenant vivement.

Grand Dieu !.. que dites-vous ?.. (A part.) Ah ! je me trahis.

LE BARON.

Elle n'existe plus... pour moi... Oui, à mon retour de Russie, un divorce éclatant...

LE CHEVALIER.

Un divorce !..

LE BARON.

Conséquence forcée d'une infortune conjugale, à laquelle vous ne croirez pas.

LE CHEVALIER.

Si fait, si fait... j'y crois...

LE BARON.

Et que j'ai découverte dans le tiroir d'un secrétaire... sous la forme d'un paquet de lettres, sur papier bleu musqué.

LE CHEVALIER, à part.

Ciel ! les miennes !.. (Haut.) Et ces lettres, vous les avez lues ?..

LE BARON.

Elle les a brûlées.

LE CHEVALIER, à part.

Ah ! je respire.

LE BARON.

Elle avait été plus leste que moi ; mais c'était un aveu... je n'en ai pas voulu davantage, pour être sûr de mon fait... Ainsi, tout est fini entre nous... je suis libre, et je viens...

LE CHEVALIER, *écoutant.*

Baron!.. (A part.) Ciel! j'entends Betzy. (Haut.) Votre présence m'a émue...
m'a bouleversée... il faut que je rentre... sortez... sortez.

LE BARON.

Puisque vous le voulez absolument...

Air de la Dugazon.

J'ai ce matin une audience,
Le roi m'attend... mais entre nous,
J'oublirais cette conférence,
Pour demeurer auprès de vous.

LE CHEVALIER.

Pour causer tous les deux ensemble,
Demain vous reviendrez me voir.

LE BARON.

Demain!.. quel bonheur nous rassemble!..

LE CHEVALIER, à part.

Je m'en vais déloger ce soir.

LE BARON.

J'ai ce matin, etc.

LE CHEVALIER

ENSEMBLE.

Allez, allez à l'audience;
Le roi vous attend, et pour vous
C'est une grave conférence:
Ainsi, monsieur, séparons-nous.

Adieu!.. par ici... Adieu!

LE BARON.

A demain!..   (Il sort au fond.)

LE CHEVALIER.

Eh vite!.. que cette petite Betzy ne me vole pas.
(Il entre dans la chambre, au moment où Betzy reparaît, portant un plateau chargé du
déjeuner. Elle le voit entrer, et reste immobile.)

SCÈNE IV.

BETZY, puis SIR HERVEY.

BETZY.

Une femme!.. une femme qui entre chez lui!.. ah! mon Dieu! quel coup
ça m'a donné là! (Elle pose son plateau, et se laisse tomber dans un fauteuil.) Il ne
m'est rien, ce jeune homme, rien du tout... pas la moindre chose... c'est
égal, ça me fait de la peine... et puis j'avais des idées!.. Dam! je suis à marier... Il est pauvre, je serai riche... il est noble... mais je suis gentille... ça
allait bien ensemble.

SIR HERVEY. (Il entre mystérieusement par la petite porte par laquelle le chevalier est
entré.)

C'est bien cette petite porte qu'on m'a indiquée...

BETZY.

Son thé sera froid... Eh! bien! tant pis!..

SIR HERVEY, à part.

Cette fois, j'espère que le roi sera content.

BETZY.

Oh! les femmes! les femmes!.. je les déteste.

SIR HERVEY, s'approchant et faisant briller une bourse devant ses yeux.

Et les guinées, les détestes-tu aussi?..

BETZY, se levant vivement.

Hein?.. monsieur, monsieur!.. que voulez-vous?.. par où êtes-vous entré?..

SIR HERVEY.

Par une petite porte qui donne sur la rue, et que quelqu'un a laissée ou-
verte...

BETZY, à part.

Ah! c'est cette dame, qui n'a même pas le soin... Il y a des femmes qui
ne pensent à rien. (Haut.) Mais, alors, vous êtes donc un voleur?..

SIR HERVEY, souriant.

Qui se présente, une bourse à la main?.. ce n'est guère probable.

BETZY.

Alors, pourquoi donc m'offrez-vous cette bourse?

SIR HERVEY.

Pour un seul mot.

BETZY.

Je n'ai pas besoin d'argent pour ça... je parle GRATIS.

SIR HERVEY.

Eh bien! dis-moi donc GRATIS, si c'est ici que demeure... (La regardant fixement.) la chevalière d'Eon?..

BETZY.

Hein!.. la chevalière?.. juste comme l'autre... Ah ça! qu'est-ce qu'ils ont donc, ce matin?

SIR HERVEY.

La chevalière d'Eon.

BETZY.

Je ne connais pas.

SIR HERVEY.

Qui donc habite ce logement?

BETZY.

Un jeune homme.

SIR HERVEY.

Un jeune homme?.. tu en es bien sûre?

BETZY.

Tiens! qu'est-ce qu'il a aussi, celui-là?.. Si c'est un homme!.. dam, le moyen de s'y tromper?.. à preuve...

SIR HERVEY.

A preuve?..

BETZY, mystérieusement.

Qu'il reçoit des femmes en secret... là!

SIR HERVEY.

Vraiment?

BETZY.

Il vient d'en entrer une chez lui, je l'ai vue... de mes yeux, vue.

SIR HERVEY, à part.

Un jeune homme?.. en ce cas, il est perdu.

BETZY.

Si monsieur veut lui parler, je vais frapper... oh! je ne crains plus de le déranger.

SIR HERVEY, continuant.

Non! encore un mot...

BETZY.

Toujours gratis.

SIR HERVEY.

Sort-il souvent?

BETZY.

Jamais.

SIR HERVEY.

Tu crois?

BETZY.

Dam! il ne peut pas sortir, sans que je le voie... (Montrant le fond.) Par là

SIR HERVEY, montrant la petite porte.

Mais par celle-ci?..

BETZY.

Qu'est-ce que vous dites là!.. il serait capable!.. Oh! oui... à présent, il est capable de tout,

LE CHEVALIER, du dehors.

Betzy! Betzy!

SIR HERVEY.

Quelqu'un!

BETZY.

C'est lui!

SIR HERVEY.

Chut!

SCÈNE V.

Les Mêmes, LE CHEVALIER, en homme, et portant une robe de chambre.

LE CHEVALIER.

Betzy, mon déjeuner... (Apercevant Sir Hervey.) Ah !

SIR HERVEY, à part.

Que vois-je !.. c'est bien cela.

LE CHEVALIER, à part.

Un étranger !..

SIR HERVEY, saluant.

Mille pardons, monsieur...je parlais à cette jeune fille... et je me retire.
(A part.) Je vais rendre compte de ma mission au roi.

BETZY, le suivant.

Mais, monsieur... (Sir Hervey sort.) Eh bien!.. voilà tout ce qu'il a à lui dire?..

LE CHEVALIER.

Quel est cet inconnu?..

BETZY.

Eh ! mais, je vous le demande.

LE CHEVALIER.

Tu l'as laissé entrer?..

BETZY.

Il est bien entré tout seul.

LE CHEVALIER.

Pour quoi faire?

BETZY, avec dépit.

Mais... peut-être pour épier cette dame qui est chez vous.

LE CHEVALIER, à part.

Aie ! elle m'a vu... (Haut.) Je te jure, Betzy...

BETZY.

Oh! ne mentez pas, monsieur... je l'ai vue... une grande, laide, avec un
mantelet... mais qu'est-ce que ça me fait? est-ce que ça me regarde?..
est-ce que ce sont mes affaires?.. vous êtes le maître, vous êtes libre...
(Pleurant malgré elle.) C'est affreux à vous!.. quand j'avais des idées qui nous
allaient si bien à tous les deux !..

LE CHEVALIER.

Allons, allons, Betzy, quand je te dis... je te donne ma parole...

BETZY.

Votre parole... vraie?..

LE CHEVALIER.

Oui, que cette femme et moi, c'est absolument comme si j'étais seul...La
preuve... tiens!   (Il l'embrasse.)

BETZY.

Mais, monsieur...

LE CHEVALIER, l'embrassant une seconde fois.

Tiens!.. tiens!..

AIR : De sommeiller encor ma chère.

C'est pour te prouver que personne
N'est dans ma chambre...

BETZY.

　　　　　Je n'en crois rien.

LE CHEVALIER, l'embrassant de nouveau.

Plus fort encor... que ça raisonne.
Que cette dame entende bien...
Là! qu'en dis-tu?..

BETZY.

　　　　　Je n'perds pas mémoire ;

J'ai très bien vu...

LE CHEVALIER.

　　　　　Recommençons.

BETZY.

Arrêtez donc!.. j'vas finir par vous croire,
Si vous m' donnez d' si bonn's raisons.

LE CHEVALIER, se mettant à table.

Ah! mon déjeuner... c'est gentil... et préparé par toi...

Pendant qu'il déjeune et parle, Betzy est allée doucement à la porte de la chambre.

BETZY, écoutant.

C'est drôle, je n'entends rien. (Elle regarde dans la chambre.)

LE CHEVALIER, à part.

Mais cet inconnu!.. il m'a regardé en souriant... il avait l'air de m'épier!.. Et Lavergne qui ne revient pas!.. Mon Dieu! que c'est long, un exil loin de la France!

BETZY, de même.

Je ne vois rien.

LE CHEVALIER.

Et cet homme qui me poursuivait... Ah! cette surveillance, cet espionnage continuel... Dieu! si l'on découvrait!..

BETZY, qui s'est rapprochée de lui.

Dites donc, est-ce qu'elle s'est envolée?

LE CHEVALIER.

Qui?.. Allons, ne parlons plus de cela... (On entend le bruit d'un fouet au dehors. Il se lève.) Ah! mon Dieu! qu'est-ce encore?

BETZY.

Une voiture.

LE CHEVALIER.

Si c'était Lavergne!.. Oh! oui... Lavergne qui arrive de France... qui m'apporte des nouvelles... la fin de mon exil!..

BETZY.

Ah! je cours l'appeler...

LE CHEVALIER.

Eh vite!.. (La porte s'ouvre, Eudoxie paraît.)

<h1 style="text-align:center">SCÈNE VI.</h1>
LES MÊMES, EUDOXIE.

EUDOXIE.

C'est lui!..

LE CHEVALIER.

Ciel!.. Eudoxie!

BETZY, à part.

Encore une!..

EUDOXIE.

Mon ami!.. je vous revois!

LE CHEVALIER.

C'est donc vous, chère Eudoxie!..

BETZY, de même.

En voilà deux, à présent!.. deux femmes!.. ah! c'est trop fort!..

LE CHEVALIER.

Va, laisse-nous...

BETZY.

Il me renvoie, encore!..

LE CHEVALIER.

Laisse-moi... avec ma sœur...

BETZY.

Votre... ah!.. c'est... oh! alors... si c'est sa sœur... mais l'autre qui est là-dedans, est-ce que c'est encore une sœur?.. (Le chevalier la regarde.) Je m'en vais... Sa sœur!.. ah! s'il ne mentait pas... (Il remonte vers elle.) Je m'en vais. (Elle sort.)

<h1 style="text-align:center">SCÈNE VII.</h1>
LE CHEVALIER, EUDOXIE.

LE CHEVALIER.

Enfin, elle est sortie!.. Eudoxie!.. vous ici, à Londres!.. dois-je croire que c'est...

EUDOXIE.

Pour vous?.. ingrat! il en doute encore!..

LE CHEVALIER.

Oh! non, plus maintenant!.. vous avez donc reçu ma lettre?..

EUDOXIE.

Oui... imprudent que vous êtes!.. par l'ambassade de Russie!.. Un peu plus, elle tombait entre les mains de l'impératrice, qui ne m'aurait jamais pardonné... J'étais comme prisonnière; on surveillait mes démarches, je ne pouvais pas même écrire...

LE CHEVALIER.

Air : Ce titre de soldat m'honore.

Ah ! je vous plains... dans un tel esclavage,
Contre vos maux, sans force et sans pouvoir,
Que de souffrance !..

EUDOXIE.

Oh ! j'avais du courage.

LE CHEVALIER.

Que de tourmens !..

EUDOXIE.

Oh ! j'avais de l'espoir.

LE CHEVALIER,

Oui ! séparés par la distance ,
Nous étions unis par le cœur :
Je vous aimais !..

EUDOXIE.

C'était ma récompense.

LE CHEVALIER.

Vous m'aimiez !..

EUDOXIE.

C'était mon bonheur.

Enfin, grace à ces habits d'homme, qui m'avaient déjà sauvée une fois, j'ai pu tromper la jalousie d'Elisabeth, m'embarquer pour vous rejoindre, et réclamer un nom, un titre, que vous devez à mon amour...

LE CHEVALIER , la serrant dans ses bras.

Ah ! c'est trop peu de ma vie entière !.. mais unir son sort à celui d'un malheureux , d'un exilé !

EUDOXIE.

Exilé !..

LE CHEVALIER.

Oui ; si je suis en Angleterre , c'est que le reste de l'Europe m'est interdit... Une impératrice , une princesse , une favorite... voilà trois réputations de femme qui me font défense expresse d'être un homme... Et ici , ici même , privé de ma fortune , repoussé par l'ambassade , en butte à des outrages , je ne puis me venger , il faut me taire comme une femme sans appui !.. et les yeux tournés vers la France , vers Paris , je compte les jours , le heures , qui me séparent encore de ma chère patrie !.. (Avec émotion , essuyant ses larmes.) Ah ! pardon, Eudoxie, pardon ; cette idée me brise le cœur !..

EUDOXIE.

Pauvre chevalier ! me voilà pour vous consoler.

LE CHEVALIER.

Oh ! oui... chassons ces tristes pensées... j'espère enfin... j'ai envoyé en France, Lavergne ; tu sais, mon fidèle Lavergne, pour exciter le zèle de mes amis... je me soumets à toutes les exigences des ministres... qu'ils ordonnent, j'obéirai... je ne demande qu'à revoir mon pays !.. mon pays !

EUDOXIE.

Avec moi ?

LE CHEVALIER.

Oui, toi, ma compagne, ma femme chérie, adorée... Si Louis XV... c'est-à-dire , si la favorite pardonne... je dirai adieu à Londres, j'échapperai aux surveillances, aux piéges, aux dangers qui m'entourent... nous partirons ensemble... ensemble, Eudoxie... comme autrefois nous sommes partis du château de la baronne...(Riant.) Vous en souvenez-vous, monsieur ?

EUDOXIE , de même.

Oui, madame.

Air de Moupou. (Du 1er acte)

Enfin, tout chagrin cesse ;
Que ce moment est doux !
Amour, bonheur, ivresse,
Je m'abandonne à vous.
Nos cœurs par l'espérance
Furent toujours unis :
Après si longue absence,
Nos malheurs sont finis !
Notre premier voyage ,

Charmant pélerinage,
Du bonheur fut pour nous le présage;
Que l'hymen en devienne le gage!
Désormais, par le plus doux lien,
Unissez votre sort et le mien...
Ah! qu'il est doux de s'entendre si bien!

SCÈNE VIII.
LE CHEVALIER, EUDOXIE, LAVERGNE.

LAVERGNE, en dehors.

C'est bon, c'est bon...

LE CHEVALIER.

Cette voix!.. c'est lui... c'est Lavergne!..

LAVERGNE, entrant.

Ah! mon maître!.. mon bon maître!.. (Il court lui baiser les mains et en se retournant il aperçoit Eudoxie et la salue.) Madame...

LE CHEVALIER.

Eudoxie, c'est Eudoxie qui m'a rejoint... elle a tout bravé... (Très vivement.) Mais d'abord, parle, parle vite!.. qu'as-tu à m'annoncer?.. puis-je rentrer en France?..

LAVERGNE.

Oui, monsieur.

EUDOXIE.

Quel bonheur!..

LE CHEVALIER

Il se pourrait!.. oh! j'en mourrai de joie!.. Eudoxie, Lavergne, mes amis! je reverrai la France... que je vous embrasse!..

LAVERGNE.

Ne vous dépêchez pas trop, monsieur... il y a des conditions.

EUDOXIE.

Ah!.. il me fait peur.

LE CHEVALIER.

Et que m'importe?.. si je suis libre...

LAVERGNE.

De revenir à Paris, à Versailles, à la cour... mais d'une certaine façon.

LE CHEVALIER.

Que veux-tu dire?

LAVERGNE.

Comme vous y avez paru pour la première fois, à ce bal.

LE CHEVALIER.

En femme!

EUDOXIE.

Ah! mon Dieu!

LAVERGNE.

Voici la permission, approuvée par le Roi, signée par le lieutenant de police.

EUDOXIE.

En femme!

LAVERGNE.

Et le moyen de faire autrement?.. la cour de Russie est tenace en diable sur cet article-là... et puis, on vous a tant appelé dans les gazettes, les brochures et les notes diplomatiques, Mme la chevalière d'Eon!.. il n'y a plus qu'une voix sur votre compte.

LE CHEVALIER, furieux.

Mais c'est une indignité! une infamie!.. condamné à être femme! à perpétuité!.. et tout cela, pour une plaisanterie de carnaval et une fantaisie d'impératrice!..

EUDOXIE.

Et votre nom, ce nom dont j'étais fière d'avance et qui devait justifier mon amour, mon imprudence!..

LE CHEVALIER.

Oui! ce nom, quel est-il, maintenant?.. Eudoxie, vous pleurez!

EUDOXIE.

Et mon mariage, il est impossible!

LE CHEVALIER.

En France, du moins!   7

LAVERGNE.

Et en Allemagne.

EUDOXIE.

Et en Russie.

LE CHEVALIER.

Ah! c'en est trop! toute l'Europe est liguée contre moi! je suis perdu!

SCÈNE IX.

LES MÊMES, BETZY.

BETZY, qui a entendu les derniers mots.

Perdu! perdu! vous!.. qui a dit cela?

LE CHEVALIER.

Betzy, que nous veux-tu?

BETZY.

C'est qu'il y a en bas des gens de vilaine figure qui vous demandent encore; j'ai dit que vous n'y étiez pas.

LE CHEVALIER.

Et tu as bien fait.

BETZY.

Perdu! vous, monsieur le chevalier!.. vous courez des dangers, et je n'en savais rien!.. et vous vous défiez de moi!.. de moi!

LE CHEVALIER.

Pauvre enfant!

BETZY.

Ah! c'est bien mal.

AIR de Téniers.

Moi qui, toujours bonne et fidèle,
Vous montrais tant de dévoûment!..

LE CHEVALIER.

Et je compte encor sur ton zèle
J'en ai besoin en ce moment.

BETZY.

Parlez, parlez, qui vous arrête?..
Regardant Eudoxie.) Ah! quel que soit votre secret,
(Baissant les yeux.) Vous savez bien que je suis prête
A vous servir sans intérêt.

LE CHEVALIER.

Eh bien! oui, tu m'aideras à me sauver; et d'abord, puisque je ne puis rentrer en France sans renoncer à être heureux...(Il serre la main d'Eudoxie.) je reste en Angleterre.

EUDOXIE.

Il serait vrai!

LAVERGNE.

Vous, monsieur!

BETZY.

Mais, certainement.

LE CHEVALIER.

Oui, je reste; non pas à Londres... je quitte cet hôtel à l'instant même.

BETZY.

Cet hôtel?.. comment! vous nous quittez?

LE CHEVALIER.

Tu sais bien que je suis découvert. (A Eudoxie.) On m'a suivi... (A Betzy.) Et ce matin encore une mauvaise figure...

BETZY.

Ce sont des espions...

LE CHEVALIER.

Qu'il faut dépister.

EUDOXIE.

Partons, partons!

LAVERGNE.

Je vais chercher une voiture.

LE CHEVALIER.

Un instant... d'abord, ma toilette.

BETZY.

Oui, là... je vais chercher...

LE CHEVALIER, la retenant.

Non, non... (Bas à Lavergne.) Je ne puis sortir en homme sans être poursuivi, arrêté... Mes vêtemens de femme. (A Eudoxie.) Vous, Eudoxie, restez.

BETZY.

Oui, restons.

LE CHEVALIER, à Betzy.

Toi... ici, à cette porte. (Elle y court.) En dehors.

BETZY.

En dehors ?..

LE CHEVALIER.

Pour faire sentinelle... il le faut, tu m'as promis.

BETZY.

Oui, c'est juste... (Regardant Eudoxie.) On me renvoie toujours... allons, je vais faire sentinelle.   (Elle sort au fond.)

LAVERGNE, rentrant avec la robe.

Voilà, monsieur, voilà.

BETZY, rouvrant la porte.

Dites donc, dépêchez-vous.

LE CHEVALIER.

Bon, bon ! (Otant et jetant sa robe de chambre.) Ma robe ?.. dépêche-toi. (A Eudoxie.) Vous ne voulez pas m'aider ?.. à charge de revanche.

EUDOXIE.

Au fait, il vous faut bien une femme de chambre. (Eudoxie lui aide à s'habiller.)

LE CHEVALIER.

Oh ! merci, merci !.. Lavergne, mes souliers de satin. (Lavergne met les souliers.) Lavergne, mon bonnet, vite mon bonnet !

LAVERGNE.

Patience donc, monsieur !.. je ne puis pas aller comme cela des pieds à la tête.

LE CHEVALIER, à Eudoxie.

Oh ! que vous êtes bonne !.. cette jolie main, que je la baise mille fois.

EUDOXIE.

Finissez donc, monsieur... je ne puis rien faire, si vous me tenez les mains.

LE CHEVALIER.

C'est juste... il y a temps pour tout.

Air de la Cachucha.

ENSEMBLE.

Allons, hâtons-nous ;
Car le danger nous presse !
Pour les tromper tous,
Il faut user d'adresse.

LE CHEVALIER.

Quel artifice !
Qu'il est doux de tromper
Cette police,
Qui voudrait m'attraper !

LAVERGNE.

Restez, madame,
Restez en place ici...

EUDOXIE.

Vous êtes femme.

LE CHEVALIER, lui baisant la main.

Voilà mon démenti.

Allons, hâtons-nous, etc.

(L'orchestre continue. On frappe à la porte du fond.)

LAVERGNE.

On frappe !

EUDOXIE.

Qui peut venir ?

LE CHEVALIER.

Silence !

LE BARON, au dehors.

Ouvrez, ouvrez.

BETZY, en dehors.

Mais non, on n'entre pas !

LE BARON, en dehors.

Si fait, ouvrez.

LE CHEVALIER.

Le baron !.. il n'y a rien à craindre.

EUDOXIE.

S'il me voit?..

LE CHEVALIER.

Le moyen qu'il vous reconnaisse?.. mais c'est égal... dans cette chambre! (Il lui baise la main et la fait sortir. A Lavergne.) Vite, mon éventail. (On frappe plus fort.) Ouvre.   (Lavergne ouvre la porte du fond.)

SCÈNE X.

LE BARON, LE CHEVALIER, BETZY, LAVERGNE.

BETZY, entrant, au baron.

Mais quand je vous répète...

LE BARON, entrant vivement.

Ah!.. j'accours en toute hâte, pour vous dire... pour vous apprendre...

BETZY.

Monsieur est entré malgré moi... je ne voulais pas, je... (Se trouvant en face du chevalier.) Ah! bah! vous!.. (Lavergne la pince.) Ah!

LE BARON.

Hein?..

LAVERGNE.

Monsieur?..

LE CHEVALIER.

Achevez, M. le baron... que voulez-vous dire?

LE BARON.

M'y voilà, madame.

BETZY.

Madame!.. (Lavergne la pince.) Oh!

LE BARON.

J'étais à Saint-James, dans le cabinet du roi, pour une conférence, quand un seigneur d'assez triste mine... police secrète, à ce qu'il paraît... est entré vivement et a parlé bas à sa majesté.

LE CHEVALIER.

Ah! oui... air en dessous... un peu niais...

LE BARON.

Juste... on les prend comme ça, pour dérouter.

LE CHEVALIER, bas à Lavergne.

La visite de ce matin.

LAVERGNE, à part.

Ciel!

BETZY.

Ah! ce gros... il avait une vilaine figure.

LE BARON.

Sur quelques mots qu'il lui a dits, le roi s'est mis dans une fureur...

LE CHEVALIER.

Vous m'effrayez!

LE BARON.

Et moi! je tremblais de tous mes membres... Je ne vois jamais un monarque s'emporter, sans avoir peur...à cause des contre-coups...Heureusement, la colère rend indiscret, j'ai bien vite compris qu'il s'agissait de vous.

LE CHEVALIER.

De moi?

BETZY.

De mons... (Lavergne la pince.) Oh! (Se reprenant.) De madame?

LE BARON.

Oui, de votre intimité, de vos relations fréquentes... avec une haute et puissante dame.

LE CHEVALIER.

Oh! silence, monsieur, silence!

LE BARON.

Et pourquoi?.. cette dame ne pouvait mieux choisir une amie... rien de plus naturel... mais le roi, qui sait vos visites au palais, l'a entendu autrement... voilà le fruit de vos déguisemens à la cour de Russie!

LE CHEVALIER.

Achevez donc... Le roi?

LE BARON.

Il veut absolument que vous soyez... un homme...

LAVERGNE, à part.

Nous voilà bien!..

BETZY.

Un homme!.. eh! mais... (Lavergne la pince.) Mais est-il méchant, donc!

LE CHEVALIER.

Un homme!.. quelle idée!.. je ne puis comprendre...

LE BARON.

Cela n'a pas le sens commun... Alors, je me suis avancé, et j'ai soutenu ferme que vous étiez une femme... morbleu!

LE CHEVALIER.

Vous avez bien fait, morbl... (Lavergne le pousse.) Vous avez bien fait.

LE BARON.

J'ai même parié deux cents guinées contre le marquis de Welesley, qui venait d'entrer, et à qui le roi, toujours hors de lui, ordonnait que vous fussiez cette nuit, cette nuit même, jetée sur un vaisseau de l'état, qui part pour Botany-Bay.

LE CHEVALIER.

Moi!..

EUDOXIE, en dehors.

Ah!

LE BARON.

Hein?.. qu'est-ce?.. un cri?

LE CHEVALIER.

Un cri?

LAVERGNE.

Je n'ai pas entendu.

BETZY, vivement.

C'est moi, c'est moi!..   (Le chevalier lui serre la main.)

LE CHEVALIER, bas.

Va vite... là.

BETZY, le regardant.

Oui, oui... Une femme!.. et mes idées?... oh! ce serait dommage.

(Elle entre dans la chambre.)

SCENE XI.
LE BARON, LE CHEVALIER, LAVERGNE.

LE CHEVALIER, au baron.

Enfin?..

LE BARON.

Mon assurance a un peu calmé sa majesté... Eh bien! s'est-elle écriée, si c'est une femme, j'en veux avoir la preuve aujourd'hui...

LAVERGNE, à part.

Miséricorde!

LE CHEVALIER.

Et... cette preuve...

LE BARON.

Rassurez-vous... cette preuve, c'est que ce soir même, à huit heures, madame la chevalière d'Eon se présentera à la chapelle Saint-James, avec un époux de son choix, pour être mariée.

LE CHEVALIER.

Mariée!..

LAVERGNE.

Mariée!..

LE BARON.

Sinon, à Botany-Bay.

LE CHEVALIER.

Un mari!..

LAVERGNE.

Trouver un mari dans une heure!.. c'est difficile.

LE CHEVALIER.

C'est impossible.

LE BARON.

C'est ce que le roi a dit... Eh bien! sire, lui ai-je alors répliqué, eh bien! ce mari... il est trouvé.   LAVERGNE.

Ah bah!

LE BARON.

Jeune encore, riche, aimable, spirituel...

LE CHEVALIER.

Je n'y suis plus.

LE BARON.

Et ce mari... c'est moi !

LE CHEVALIER.

Vous ?

LAVERGNE.

Lui !.. Voilà le bouquet !..   (Ils se détournent pour rire.)

LE BARON.

Oui, moi... qui me venge de la baronne et de ces Anglais, dont les railleries m'ont piqué au vif... j'épouse une femme charmante.

LE CHEVALIER.

Merci.

LAVERGNE, à part.

Il n'y a pas de quoi.

LE BARON.

Qu'en dites-vous ?

LE CHEVALIER.

Je dis... (A part.) Soyez donc baron prussien... (Haut.) Je dis que pour l'instant, je me sauve... c'est plus sûr... Eh vite ! Lavergne, une voiture, des chevaux de poste !..

LAVERGNE.

Je cours, à l'instant...

LE BARON.

Je partage votre sort.   -   (Ils vont sortir.)

SCÈNE XII.

Les Mêmes, SIR HERVEY.

SIR HERVEY, paraît à la porte du fond.

Au nom du roi !

LAVERGNE, s'arrêtant près de la porte dérobée par laquelle il allait sortir.
Du roi !..

LE CHEVALIER, à part.

Il est trop tard !

LE BARON.

Juste !.. c'est notre homme.

SIR HERVEY.

Je dérange quelqu'un ?..

LE CHEVALIER.

En effet... j'allais sortir... veuillez m'excuser... on m'attend.

SIR HERVEY, le retenant.
Désolé... Cette transformation est assez singulière... ce matin en homme...

LE CHEVALIER.

Oh ! un caprice... cela m'arrive souvent.

LE BARON.

Comme en Russie.

LE CHEVALIER.

Mais, permettez.   (Il va pour sortir.)

SIR HERVEY, le retenant encore.
De grace !.. (A part.) Voilà qui me déroute un peu.

LE BARON.
Je faisais part à Mᵐᵉ la chevalière d'Eon des intentions de sa majesté... elle est prête à se rendre au palais, avec moi, son mari.

SIR HERVEY.

Vous ?..

LE CHEVALIER, vivement.
Mais non, mais cela ne se peut pas !

LE BARON.

Ah ! madame !..

SIR HERVEY, à part.
Cela ne se peut pas !.. j'en étais sûr... forçons-le à se trahir.

LAVERGNE, bas au chevalier.
Prenez garde !

SIR HERVEY.
Ce mariage se fera... je serais fâché qu'il ne se fît pas, pour mettre un terme à des bruits, scandaleux peut-être.

LE CHEVALIER.

Ah ! je suis sur les épines !

LE BARON.

Qu'entendez-vous par là ?..

SIR HERVEY, avec ironie.

Assurément !.. on ne dira plus que madame n'est qu'un homme, dont l'épée est tombée en quenouille.

LE CHEVALIER.

Monsieur !.. (A part.) Si le baron n'était pas là !..

LAVERGNE, bas.

Contenez-vous.

LE BARON, riant.

Ah! ah! ah! pari perdu.

SIR HERVEY, riant aussi.

En effet, il y aurait honte et lâcheté à se cacher sous une robe de femme.

LE CHEVALIER.

Monsieur !.. (Lavergne tousse. —A part.) Ah! la main me démange !

LE BARON, riant.

Ah! ah! ah! allez toujours.

SIR HERVEY, à part.

Ses yeux brillent de colère !.. ferme! il n'y a pas de danger !.. (Haut.) Il est vrai qu'on peut prêter à bien des propos, lorsque pour les uns, on n'est qu'un intrigant, et pour les autres, une aventurière.

LE CHEVALIER éclatant.

Monsieur !..   (Lavergne le retient.)

LE BARON, cessant de rire.

Anglais! c'en est trop !.. ce n'est plus une plaisanterie... vous insultez madame, et vous m'en rendrez raison !

SIR HERVEY.

Hein ? plaît-il? vous avez du courage... pour deux ?

LE BARON, avec colère.

Insolent !..

LE CHEVALIER, hors de lui et s'élançant entre eux.

Baron !.. baron !.. silence, de grace !.. c'est à moi que monsieur aura affaire.

LE BARON.

A vous ?..

LAVERGNE, à part.

Que dit-il ?..

SIR HERVEY.

Allons donc !.. vous avouez, enfin, que vous êtes un homme ?..

LE CHEVALIER.

Homme ou femme... j'aurai raison de vos insultes... ici, à l'instant même...
L'épée à la main, monsieur, l'épée à la main !..   (Lavergne le retient.)

SIR HERVEY.

Je ne me bats pas avec une femme.

LE CHEVALIER.

Eh !.. que vous importe !..

AIR : Patrie, honneur.

D'un double sexe empruntant le pouvoir,
Je puis porter une double couronne :
Par le plaisir, je règne en un boudoir,
Mais en champ-clos, je suis une amazóne...
Et femme alors, si l'on m'ose outrager,
Je redeviens homme pour me venger !   (Arrachant l'épée du baron.)
Donnez , baron, donnez.

LE BARON.

Ah ça ! mais... Quelle tête !.. quelle tête !..

SIR HERVEY, troublé.

Qu'est-ce que cela veut dire ?..

LE CHEVALIER.

En garde, mon petit gentilhomme !..

SIR HERVEY, forcé de tirer son épée.

Comment ... vous me forcez...

LE CHEVALIER.

En garde !..   (Ils croisent le fer.)

LE BARON.

Bravo !.. bravo !..

LAVERGNE, à part.

Il se perd !..

SCÈNE XIII.
LES MÊMES, BETZY.

BETZY, entrant et poussant un cri.

Ah!.. ah! mon Dieu!.. ils vont se tuer tous les deux!

(Le chevalier fait sauter l'épée de Sir Hervey.)

LE CHEVALIER, à son adversaire.

Vos jours sont à moi!

LE BARON, triomphant.

Voilà la femme qu'il me fallait!..

SIR HERVEY, ramassant son épée.

Au diable!.. c'est un homme... L'ordre de sa majesté est précis... et puisque Mme la chevalière d'Eon ne peut présenter un mari...

SCÈNE XIV.
LES MÊMES, EUDOXIE.

EUDOXIE, en homme.

Vous vous trompez, monsieur.

SIR HERVEY.

Que vois-je?..

LE CHEVALIER.

Ciel!..

LAVERGNE.

Comment, mademoi... (Betzy le pince.) Oh!..

BETZY.

A mon tour.

EUDOXIE, à sir Hervey.

Monsieur, puisque l'amour qui nous unit ne peut rester secret...

LE CHEVALIER.

Puisqu'il n'y a pas moyen de s'adorer sans passer par la chapelle du roi...

EUDOXIE.

Faites votre devoir... L'aumônier nous attend... avant notre départ pour la France.

LE CHEVALIER.

Cette nuit même.

LE BARON, examinant Eudoxie.

Tiens!.. tiens!.. j'ai vu cette figure-là quelque part.

LE CHEVALIER.

En Prusse... mon compagnon de voyage...

LE BARON.

Ah! je comprends... Le gaillard!.. (A sir Hervey.) Deux cents lieues ensemble...

SIR HERVEY.

Est-ce que le roi se trompait?..

BETZY, bas au chevalier.

Votre sœur!.. vous mentiez encore!.. (Mouvement du chevalier.) Mais je suis contente.

LE BARON.

Je gagne mon pari... ça console.

LE CHEVALIER.

Allons, puisque l'Europe entière le veut, je serai femme pour tout le monde... excepté pour mon mari.

BETZY.

C'est égal... voilà un mari qui est bien heureux.

LAVERGNE.

Et après ça... écrivez donc l'histoire!..

CHŒUR FINAL.

Air final du Chevreuil.

Allons à la chapelle,

Pour combler tous nos/leurs vœux

L'ordre qui nous/les appelle

Va faire deux heureux.

FIN.